―法華講員の基礎知識―

日蓮正宗の年中行事

日蓮正宗宗務院 編

はじめに

日蓮正宗の年中行事は、御本仏日蓮大聖人のお教え通り、僧俗が共々に修することによって仏祖三宝尊《ぶっそさんぼうそん》に御報恩申し上げ、下種《げしゅ》仏法を未来に正しく伝えるとともに、広宣流布《るふ》への前進を期《き》するところに、その意義があります。

儀式法要は、仏法の教えと意義を現実に表し、体現するものです。言い換えれば、私達が現実に儀式法要を修することによって、仏法の深い意義が具体的な姿・形として表れるのです。したがって私達は、年中行事に参詣することによって仏祖三宝尊に御報恩の誠《まこと》を尽くし、その功徳をもって一生成仏と広宣流布に向けて精進することが重要なのです。

本書を通じて、仏法の教えと意義を体現することの大切さを理解し、自行化他《けた》の実践に役立てていきましょう。

日蓮正宗の年中行事　目次

1月

1日　元旦勤行……1

2月

3日　節分会……9

7日　興師会（日興上人法要）……14

16日　宗祖御誕生会（日蓮大聖人御誕生法要）……23

3月（9月）

春分の日（秋分の日）　彼岸会……32

4月

6・7日　御霊宝虫払大法会……42

28日　立宗会（宗旨建立法要）……50

5月

1日　大行会（南条時光殿法要）……56

7月

15日　盂蘭盆会（お盆）……65

8月

19日　寛師会（日寛上人法要）……73

9月

12日　御難会（竜口法難会）……79

11月

15日　目師会（日目上人法要）……89
20・21日　宗祖御大会（お会式）……96

毎朝　丑寅勤行……107

凡例

一、本書は『大日蓮』（平成二十三年十一月号から同二十四年十一月号まで）に掲載した「日蓮正宗の年中行事」を改訂・加筆したものである。
一、難解な引用文には、できるかぎり通釈を加えた。
一、本文中に用いた文献の略称は次の通り。

御　書　―　平成新編日蓮大聖人御書（大石寺版）
法華経　―　新編妙法蓮華経並開結（大石寺版）
聖　典　―　日蓮正宗聖典
歴　全　―　日蓮正宗歴代法主全書
文句会本　―　訓読法華文句記会本（富士学林版）
御書文段　―　日寛上人御書文段（大石寺版）
富　要　―　富士宗学要集

1月1日

元旦勤行

正月一日の意義

古来、正月一日は、一年で最も意義深い祝日とされ、様々な行事が行われてきました。

日蓮正宗で行われる元旦勤行は、世間の正月行事とは大きく異なり、極めて重要な意義を有する法要です。

日蓮大聖人は『十字御書《むしもち》』に、

「正月の一日は日のはじめ、月の始め、とし《年》のはじめ、春の始め。此《これ》をもてなす人は月の西より東をさしてみつ《満》がごとく、日の東より西へわたりてあきらか《明》

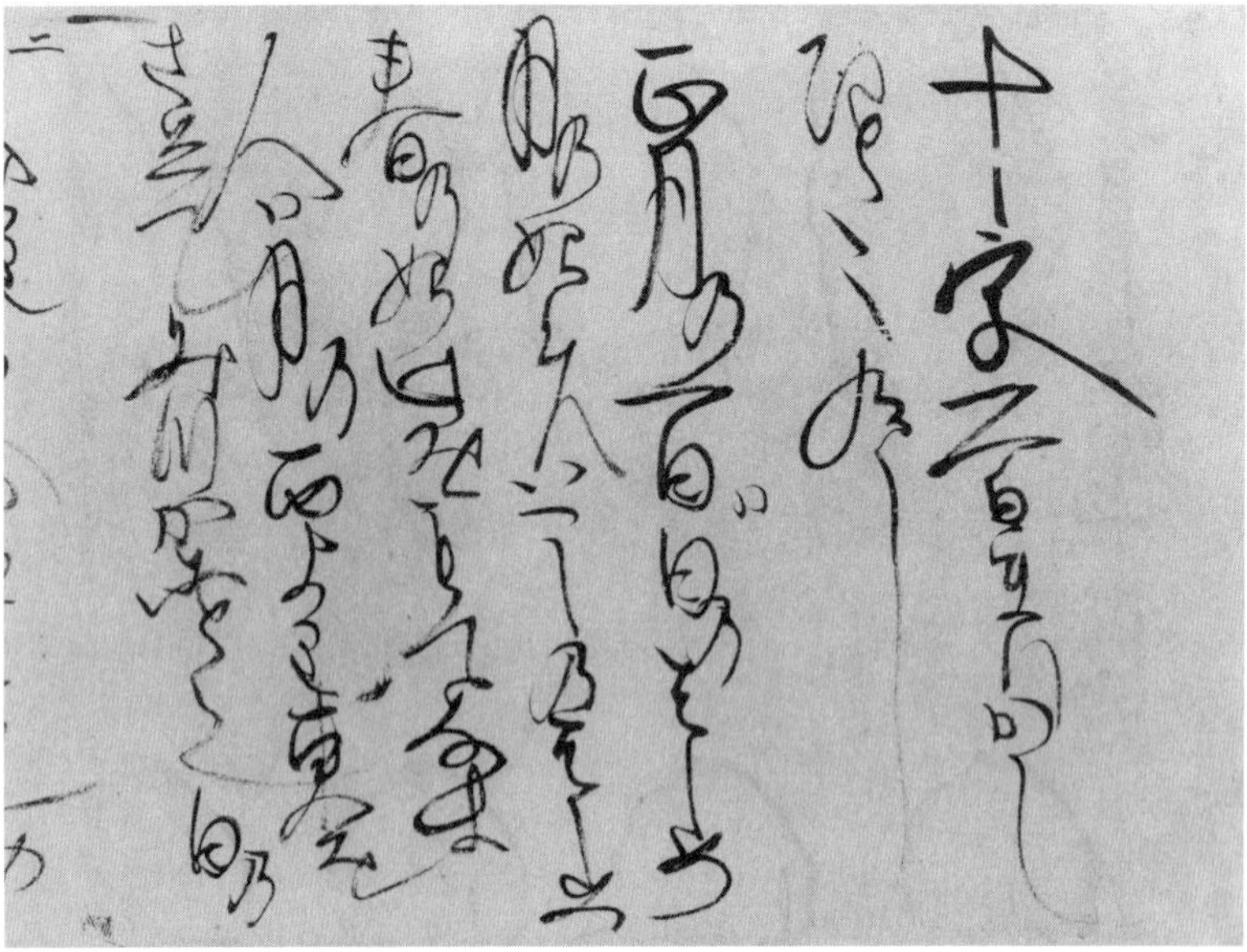
十字御書（大石寺蔵）

なるがごとく、とく《徳》もまさり人にもあい《愛》せられ候なり」
（御書一五五一ページ）

【通釈】正月の一日は日の始めであり、月の始め、年の始め、春の始めでもある。この元日をもてなす人は、あたかも月が西から東をさして満ちていくように、太陽が東から西へわたって明るく一切を照らすように、徳も勝《まさ》り、人にも愛されるのである。

と仰せられ、正法の信仰をもって元日を大切に迎える人は、その志によって勝《すぐ》れた徳が具《そな》わり、人からも愛されると教示されています。

また同抄には、法華経に敵対する謗法の人が災《わざわ》いを招き寄せるのに対し、法華経を信ずる人は幸《さいわ》いを集めることができること、さらに法華経を信ずる人は、香木の栴檀《せんだん》が芳《かぐわ》しい香りを具えているように、福徳を具えることができると教示されています。

私達は、このように尊い妙法の功徳に浴することができる元日を、仏法の深い意義がある日と心得、信心をもって元日を祝うべきです。

正月は妙の一字のまつり

そもそも、法華経の開経である無量義経には、

「無量義とは一法より生ず」（法華経一九㌻）

と説かれています。すなわち宇宙法界の森羅万象《しんらばんしょう》は、ことごとく妙法蓮華経の一法より出て、また妙法に納まるのであり、私達自身も、知ると知らざるとにかかわらず、根源の妙法によって存在しているのです。

この根源の一法こそ、久遠元初《くおんがんじょ》御本仏の再誕である宗祖日蓮大聖人が命を懸けて弘められた妙法であり、末法流布《るふ》の大白法たる法華経本門寿量品文底の南無妙法蓮華経なのです。

私達、末法五濁《ごじょく》悪世の衆生は、この仏法に結縁《けちえん》することによって、初めて即身成仏という永遠不壊《ふえ》の幸福をつかむことができるのです。

その意味から、大聖人は『秋元殿御返事』に、

「五節供の次第を案ずるに、妙法蓮華経の五字の次第の祭りなり。正月は妙の一字のまつり《祭》」(御書三三四ジペー)

と仰せられ、正月の一日を妙の一字の祭りと心得て迎える人こそ、大聖人の仏法の大いなる意義と功徳が具《そな》わると御教示されているのです。

神社等への参詣は謗法

世間でも、多くの人が「一年の計《けい》は元旦にあり」として、一年の始まりを重ん

じ、また「初詣《はつもうで》」といって他宗の寺院や神社に参拝しています。

しかし、大聖人が『立正安国論《りっしょうあんこくろん》』に、

「世皆《みな》正に背《そむ》き人悉《ことごと》く悪に帰《き》す。故に善神国を捨てゝ相《あい》去り、聖人所《ところ》を辞して還《かえ》らず。是《ここ》を以《もっ》て魔来たり鬼《き》来たり、災《さい》起こり難起こる」（御書二三四ジペー）

【通釈】世の中は皆、正しい仏法に背き、人々はことごとく悪法に帰依している。故に諸天善神は国を捨て去り、聖人も所を辞して還らない。そこに魔や鬼が来て入り込み、様々な災難が起こるのである。

と仰せのように、世間の人々が正法《しょうぼう》に背《そむ》き、謗法《ほうぼう》の邪宗教に帰依《きえ》しているために、善神は天上に去ってしまい、神社等には悪鬼魔神が入り込んでいます。したがって、神社仏閣に神や仏・菩薩を祀《まつ》っていると言っても、実は悪鬼の住処《すみか》となっているのです。

故に、正しい仏法を信じない人々が、これらの寺社に参拝したとしても、福徳を積むどころか、かえって謗法の悪業を積み、苦しむことになってしまうのです。

もしも、このような謗法の地に参拝したり、祭りに参加したり、寄付をすれば、

元旦勤行

魔の力を増長《ぞうちょう》させ、自ら謗法を犯すことになってしまうため、私達は厳《げん》に慎《つつし》むべきです。

元旦勤行には、家族そろって参詣を

真実の新年のお祝いは、本門戒壇《かいだん》の大御本尊を信仰する日蓮正宗の僧俗のみが行えることを知らなくてはなりません。

総本山大石寺においては、正月一日、御法主上人の大導師のもと、多くの僧侶と檀信徒が出仕・参詣して、元旦勤行が厳粛《げんしゅく》に執り行われます。そこでは、下種《げしゅ》三宝尊に御報恩申し上げるとともに、広宣流布《るふ》の成就《じょうじゅ》と人類の幸福、本宗僧俗の一年の無事息災《そくさい》が願われます。

そののち、御法主上人から親しくお言葉を賜《たまわ》り、終了後には、客殿前の広場において甘酒を頂戴して新年をお祝いします。

また、これにならって、全国の末寺《まつじ》においても元旦勤行が行われています。

私達は、必ず寺院の元旦勤行に参詣し、これからの一年を、弛《たゆ》まぬ信心を貫き、地涌《じゆ》の菩薩の眷属《けんぞく》の名に恥じない信行に邁進《まいしん》できるよう、御本尊にお誓い申し上げることが大切です。

なお、正月の飾り付けは、門松、お鏡飾り（鏡餅）等で行います。

門松は、十二月三十日までに門や玄関等に松・竹・梅・樒《しきみ》などをもって一対《つい》をしつらえ、正月七日まで飾るのを通例とします。

また鏡餅は、御宝前《ごほうぜん》や床の間《とこのま》などにも供えます。この時、白色・赤色の紙などを細長く切った御幣《ごへい》（神社等で使用する装飾）は使用しません。この鏡餅も、十二月三十日までに用意し、正月七日まで飾るのが通例となっています。

なお、飾り付けの仕方や期間等については、地域ごとの慣習もありますので、所属寺院の指導を仰ぎましょう。

鏡餅の一例

節分会

節分の起源

節分とは「季節の分かれ目」の意味で、古来、一年を二十四に分けた二十四節気《せっき》がありますが、そのなかでも大きな四つの節目（四季）の初めの日である立春・立夏・立秋・立冬の前日を指しています。したがって、節分は年に四回ありますが、近世以降、一般的には立春の前日のみを指すようになりました。

立春は、旧暦《きゅうれき》では二十四節気が一巡《いちじゅん》して新年を迎える正月節《せつ》の日に当たり、その前日の節分は年越しの日であったことから、この日には様々な行事が行われ、室町

豆をまかれる御法主上人

時代には宮中の行事である「追儺《ついな》」と結びついて、豆まきが行われるようになりました。

追儺は「儺遣《なや》らい」「鬼遣《おにや》らい」等とも言い、中国唐《とう》時代の宮廷行事に由来《ゆらい》しています。

これは、大晦日《おおみそか》の夜に悪鬼を追い払い、疫病《えきびょう》等の災難を追放して幸福を迎えようとする行事で、日本では文武《もんむ》天皇の慶雲《けいうん》三（七〇六）年、諸国に悪病が流行して多くの死者が出た時に、厄除《やくよ》けのために行われたと『続日本紀《しょくにほんぎ》』に記されており、以後、平安時代には宮中の大晦日の行事となりました。

この行事が旧暦の年越しである節分と結びつき、現在のような節分の行事となったのです。

節分の「豆まき」について、豆は「魔目」「魔滅」に通じ、豆を投げつけて魔を滅するという意味と、豆は「達者(まめ)」「忠実(まめ)」に通ずるとも言われます。

日蓮正宗の節分会

総本山では節分の日に、御法主上人大導師のもと、御影堂《みえいどう》において節分会が奉修され、読経・唱題ののち、御法主上人が御宝前にお供えされた炒《い》り豆を「福は内《うち》」のお声とともにまかれます。続いて、御助番《ごじょばん》の僧侶二名が御影堂内の内陣《ないじん》・外陣《げじん》に豆をまきます。法要のあとには、御影堂前で参詣者に炒り豆・福茶・甘酒が振る舞われます。

これにならって、全国の末寺でも節分会が奉修されます。

節分会における豆まきでは「鬼は外」とは言いません。

鬼とは、一般的には、人間に似た恐ろしい姿をして、頭に角を生やし、口には鋭い牙、手には金棒を持ち、荒々しい気性と怪力によって人に危害を加える怪物とされていますが、もともとは「隠《おん》」の読みが変化したという説もあり、隠れて人に見えないもの、祟《たた》りを招く無形の幽魂《ゆうこん》などとも考えられていました。

仏教においては、法華経勧持品《かんじほん》第十三に、

「悪鬼入其身《あっきにゅうごしん》（悪鬼其《そ》の身に入る）」（法華経三七七ジ）

とあるように、鬼は人の心に入り込み、その人を狂わせ、また周りの人をも不幸にするものとされています。

しかし、妙法の御本尊がましまず本宗の寺院や信徒宅、また御本尊を受持《じゅじ》信仰する人の心には、悪鬼が住みつくことはありません。

また、鬼子母神《きしもじん》や十羅刹女《じゅうらせつにょ》など、法華経の会座《えざ》に列《つら》なった鬼は、法華経の行者を守護すると誓った善鬼なのですから、豆を投げて追い払う必要はないのです。

私達は寺院の節分会に参詣し、自らの信心を磨き、自行化他《けた》の修行に励んでいくことを御本尊にお誓いしましょう。

御助番僧による豆まき

2月
7日

興師会（日興上人法要）

興師会《こうしえ》は、日蓮大聖人の下種《げしゅ》仏法を受け継《つ》がれ、後世に正しく法灯《ほうとう》を伝えられた第二祖日興上人に御報恩申し上げる法要です。総本山をはじめ各末寺において、日興上人の祥月《しょうつき》命日に当たる二月七日に奉修されます。

日興上人の御事蹟

日興上人は、寛元《かんげん》四（一二四六）年三月八日、甲斐《かい》国巨摩《こま》郡大井荘鰍沢《かじかざわ》（山梨県南巨摩郡富士川町）に誕生されました。

総本山第五十二世日霑《にちでん》上人の『日興上人略伝』に、

「師生《うま》れながらにして奇相あり特に才智凡《ぼん》ならず」（富要五―三六二ページ）と記されているように、幼少のころから聡明さが他に抜きんでておられたと拝されます。

幼くして父親を失ったため、駿河《するが》国富士上方河合《かみかたかわい》（静岡県富士宮市長貫《ながぬき》）に住む外祖父の河合入道（由比《ゆい》氏）に養われ、付近の蒲原《かんばら》荘（富士市中之郷付近）の四十九院に上って仏法を学び、兼ねて良覚美作《みまさか》阿闍梨《あじゃり》から漢学を、冷泉《れいぜい》中将隆茂について歌道・書道を修められました。

日興上人御尊影（大石寺蔵）

特に能筆の才により、後年、日蓮大聖人のお手紙を代筆されたり、重要な御書を写し取って後世に残されるなど、今日もその御筆跡を拝することができます。

正嘉《しょうか》二（一二五八）年、日蓮大聖人は『立正安国論《りっしょうあんこくろん》』御述作《じゅっさく》に当たり、賀島《かじま》荘岩本（静岡県富士市岩本）の実相寺で一切経を閲覧《えつらん》されていました。ちょうど同寺に居合わせた十三歳の日興上人は、初めて大聖人にお会いし、その尊容と御高徳に触れ、直ちに入門を願い出て、それを許され、伯耆《ほうき》房との交名《きょうみょう》を賜りました。

以後、身に影の添うが如《ごと》く、常に大聖人のお側《そば》でお給仕申し上げるかたわら、甲斐・駿河・伊豆・遠江《とおとうみ》等の各地において折伏弘通《しゃくぶくぐずう》の法将として活躍されました。

特に、弘長《こうちょう》元（一二六一）年五月の大聖人の伊豆御配流《はいる》、文永《ぶんえい》八（一二七一）年十月の佐渡御配流には、大聖人に供奉《ぐぶ》し、艱苦《かんく》を共にされました。このような常随《じょうずい》給仕《きゅうじ》を通じて、日興上人はおのずと大聖人を末法の御本仏と拝信され、その仏法を体得されたのです。

日興上人の折伏弘教により、建治《けんじ》元（一二七五）年ごろ、熱原《あつわら》（静岡県富士市厚原周辺）滝泉寺《りゅうせんじ》の僧侶や、多くの農民が大聖人の仏法に帰依《きえ》しました。これを恨んだ滝泉寺院主代《いんじゅだい》の行智等により、熱原法難が惹起《じゃっき》しました。

しかし、大聖人の御教導と日興上人の指導により、熱原の農民信徒は拷問《ごうもん》と脅迫《きょうはく》にも屈することなく、泰然《たいぜん》と妙法の信仰を貫いたのです。
弘安《こうあん》五（一二八二）年九月、日興上人は、大聖人から『日蓮一期弘法付嘱書《いちごぐほうふぞくしょ》』をもって一切の仏法を付嘱され、十月十三日には『身延山付嘱書』をもって身延山の別当《べっとう》（一寺の統括者）と定められました。

大聖人御入滅後、ほとんどの弟子は権力を恐れ、師敵対の大謗法を犯しましたが、日興上人は身延山に在って、いささかも大聖人の仏法を曲げることなく、正義《しょうぎ》を守り抜かれました。

しかし後年、身延に登った民部日向《みんぶにこう》の教唆《きょうさ》により身延の地頭・波木井実長《はきりさねなが》が四箇の謗法を犯し、日興上人の再三の訓誡《くんかい》を聞き入れなかったことから、日興上人は断腸《だんちょう》の思いで身延を去ることを決意されました。

日興上人は、このときの御心情を、

「身延沢を罷《まか》り出《い》で候事面目《めんもく》なさ本意なさ申し尽くし難く候えども、打ち還《かえ》し案じ候えば、いずくにても聖人の御義を相《あい》継ぎ進《まい》らせて、世に立て候わん事こそ詮《せん》にて候え（中略）日興一人本師の正義《しょうぎ》を存じて、本懐《ほんがい》を遂《と》げ奉り候べき仁

に相当《あた》って覚え候えば、本意忘るること無くて候」（原殿御返事・聖典五六〇ジペー）

【通釈】身延の沢を離れることは、面目なく、また本意でもなく、言葉に尽くすことはできない。しかし、よくよく考えてみると、いずれの場所においても大聖人の仏法を継承して世の中に立てていくことが最も重要である。私一人だけが大聖人の正義を受け継ぎ、本懐を果たす立場にあるので、けっして大聖人の御本意を忘れることはない。

と記されています。

すなわち、日興上人は、御本仏日蓮大聖人の下種仏法を受け継ぐお立場から、その仏法を永遠に護持し、末法の衆生を救うために、謗法の山となった身延を離山されたのです。

正応二（一二八九）年春、日興上人は本門戒壇《かいだん》の大御本尊をはじめ、一切の重宝を捧持《ほうじ》して身延を離山し、河合を経て、富士上野の地頭・南条時光《ときみつ》殿の招きにより南条家に移られました。

そして大聖人の、

「富士山に本門寺の戒壇を建立せらるべきなり」

（日蓮一期弘法付嘱書・御書一六七五ページ）

との御遺命《ゆいめい》に従い、四神相応の勝地・大石《おおいし》ヶ原を本門戒壇建立の地と定め、正応三年十月十二日、大石寺を創建されたのです。

後年、五老僧（日興上人以外の大聖人の高弟五人）の一人であった日朗は、日興上人のもとを訪ねて前非を悔い、また日頂も富士に帰伏《きぶく》しています。これらの史実は、大聖人の仏法が富士大石寺にのみ伝わっていることを示すものと言えましょう。

大石寺を創建された日興上人は、日目上人を第三祖と定め、血脈法水《けちみゃくほっすい》を内付されました。

そして、永仁《えいにん》六（一二九八）年二月十五日、重須《おもす》の地（静岡県富士宮市北山）に談所《だんじょ》を開創し、門下の育成に当たられ

身延離山

ました。

元弘《げんこう》三（正慶《しょうきょう》二・一三三三）年二月七日、本門弘通の大導師・白蓮阿闍梨《びゃくれんあじゃり》日興上人は、八十八歳を一期《いちご》とされ、薪《たきぎ》が尽きて火が消えるように、安祥《あんじょう》として御入滅《にゅうめつ》されました。

日興上人は僧宝の随一

本宗では、日興上人を末法下種の三宝のうち、僧宝の随一と拝します。大聖人が『四恩抄』に、

「仏宝・法宝は必ず僧によて住す」（御書二六八ジペー）

と御教示されているように、仏宝である日蓮大聖人と、法宝である本門戒壇の大御本尊を尊ぶことは、僧宝の教えによって知ることができるのです。言い換えると、大御本尊を信仰し、成仏の境界《きょうがい》を開くことができるのは、日興上人が大聖人の仏法を厳護《げんご》し、いささかも違《たが》えることなく後世に伝えられたからです。この日興上人の

広大な御恩徳に御報恩申し上げるために、興師会を奉修するのです。

総本山では、御法主上人の大導師のもと、二月六日に興師会の御逮夜法要、七日に御正当会が、客殿において奉修されます。また毎月七日には、御法主上人大導師のもと、御影堂に全山の僧侶が出仕して御報恩の御講が修されています。

芹をお供えする理由

日興上人は常に粗衣粗食《そいそしょく》で、特に若芹《わかぜり》を好まれていたと伝えられています。

日興上人のお手紙にも、

「せり《芹》・御す《酒》の御はつ《初穂》を仏にまいらせて候」

（曽祢殿御返事・歴全一―一四八ジペー）

【通釈】御供養された初物の芹とお酒を御本尊・大聖人の御宝前にお供えいたしました。

御宝前にお供えされた芹

とのお言葉が拝されます。

このようなことから古来、総本山では興師会御逮夜法要の前に、御助番《ごじょばん》の僧侶等が青々とした若芹を摘《つ》み、興師会の御宝前にお供えしています。現在まで続く芹摘みは、日興上人に対するお弟子方のお給仕の姿を彷彿《ほうふつ》とさせる行事です。

大聖人滅後七百数十年、本宗に連綿《れんめん》として法灯が厳護されてきた淵源《えんげん》は、日興上人の死身弘法、令法久住《りょうぼうくじゅう》のお振る舞いにあります。

私達は、興師会に参詣して日興上人の御鴻恩《こうおん》に御報恩申し上げるとともに、広宣流布《るふ》を目指し、僧俗一致して前進することをお誓いしましょう。

2月
16日

宗祖御誕生会（日蓮大聖人御誕生法要）

宗祖御誕生会は、御本仏日蓮大聖人の末法《まっぽう》御出現をお祝い申し上げ、御報恩のために、御誕生の日である二月十六日に奉修される法要です。

末法は白法隠没《びゃくほうおんもつ》の時代

仏法においては、釈尊《しゃくそん》滅後の一千年を正法《しょうぼう》時代、次の一千年を像法《ぞうぼう》時代、そのあとを末法時代とされています。

大集経《だいしっきょう》には、正像二千年間は釈尊の教えに利益《りやく》があるものの、時を経るにつれてその教えの力は薄れ、末法時代に入ると、人心は荒廃《こうはい》して争いが盛んとなり（闘《とう》諍言訟《じょうごんしょう》）、濁悪《じょくあく》の時代となって、釈尊の仏法では人々を救うことができなくなる（白法隠没《びゃくほうおんもつ》）と説かれています。

法華経の従地涌出品《ゆじゅっぽん》第十五において、大地より涌出した上行《じょうぎょう》等の四菩薩は、如来《にょらい》神力品《じんりきほん》第二十一に、

「日月《にちがつ》の光明の　能《よ》く諸《もろもろ》の幽冥《ゆうみょう》を除くが如《ごと》く　斯《こ》の人世間に行じて　能く衆生の闇を滅す」（法華経五一六ジペー）

と説かれているように、あたかも太陽の光明が闇を照らす如く、末法時代に再び出現して、衆生を不幸から救済すると明かされています。

日本では、平安末期から鎌倉時代にかけて、近親同士が争った保元《ほうげん》・平治《へいじ》の乱、また承久《じょうきゅう》三（一二二一）年には前代未聞の下克上《げこくじょう》である承久の乱が起こり、血で血を洗う戦乱の世となりました。さらに、打ち続く天変地夭《ちよう》等によって多くの死者を出し、疫病《えきびょう》が流行し、強盗が横行するなど、人々は苦しみの底であえいでいたのです。

このように、当時の世相は釈尊の予言の通り、末法濁悪の様相となりました。

一切衆生を救済する御本仏の御誕生

このような末法時代の一切衆生を救済するため、日本に誕生されたお方こそ、御本仏・日蓮大聖人なのです。

大聖人は、承久の乱の翌年である貞応元《じょうおう》（一二二二）年二月十六日、三国大夫《みくにのたいふ》（貫名次郎《ぬきな》）重忠《しげただ》を父とし、梅菊《うめぎく》を母として、安房国長狭郡東条郷片海《あわ》《ながさ》《かたうみ》（千葉県鴨川市）に誕生され、幼名を善日麿《ぜんにちまろ》と称されました。

大聖人は、御自身の出自について、

「旃陀羅《せんだら》が子なり」（佐渡御勘気抄・御書四八二㌻）

「海人《あま》が子なり」（本尊問答抄・同一二七九㌻）

と仰せられています。

旃陀羅とは梵語でチャンダーラと言い、狩猟・屠殺《とさつ》等を職業とする者を意味し、最も低い身分とされていました。このような当時の最下層の子として、大聖人は誕生されたのです。

これは、御本仏が末法濁悪の人々を救済される示同凡夫《じどうぼんぶ》としてのお姿を顕されたもので、同時に、末法の法華経の行者が様々な迫害に遭うとの法華経の予言を実証するためでした。

また、釈尊の入滅が二月十五日であるのに対し、大聖人が二月十六日に誕生されたことは、釈尊の熟脱《じゅくだつ》の仏法が没《ぼっ》して、日本に末法下種の御本仏が出現されるという因縁を示す、不思議な符合《ふごう》であると言えます。

二月十六日は、大聖人が安房国に三国重忠を父とし、梅菊を母として誕生された日ですが、真実には、久遠元初《くおんがんじょ》の御本仏が末法に出現された、まことに意義深い日なのです。

御誕生時の瑞相

第二祖日興上人は『産湯《うぶゆ》相承事』に、大聖人から承《うけたまわ》った御誕生時の不思議な瑞相《ずいそう》について記されています。

大聖人の母君は、ある夜、比叡《ひえい》山に腰をかけ、琵琶《びわ》湖の水で手を洗い、そして富士山から昇った日輪を胸に懐《いだ》くという壮大な夢を見たあとに、懐妊《かいにん》したことが判りました。このことを父君に話すと、重忠《しげただ》もまた「虚空蔵《こくうぞう》菩薩がかわいらしい子供を肩に乗せて現れ、『この子は上行菩薩であり、一切衆生を救う大導師となる方である。今、お前に授けよう』と言われた」という夢を見ていたのです。

御誕生の様子

また、御誕生の日の母君の夢は、富士山の頂《いただき》に登って十方を見渡したところ、梵天《ぼんてん》・帝釈《たいしゃく》等の諸天が来下《らいげ》して「久遠の御本仏の垂迹《すいじゃく》、上行菩薩が凡夫のお姿をもって誕生されます」と述べ、青蓮華《しょうれんげ》から涌《わ》き出した清水を産湯に使い、余った清水を四天下《てんげ》へ灑《そそ》ぐと、その潤いを受けたすべてのものが金色に輝き、草木が一斉に花咲き菓《このみ》がなった、というものでした。この夢を御覧になったのちに、大聖人が出生されたのです。

また伝説によれば、御誕生の数日前から海上に青蓮華が生じて花を咲かせたと言われ、今も御誕生地付近の磯《いそ》には「蓮華ヶ淵《ふち》」の名称をとどめています。

さらに御誕生の日には、砂浜から清水が涌き出て、庭の池に蓮華が咲き、海中から大鯛が跳ねて御誕生を祝ったと伝えられています。現在も付近の海域である「鯛の浦」には、大きな鯛が数多く生息しています。

これらの霊夢や奇瑞は、末法の一切衆生を救済される御本仏の御出現にふさわしい、まことに荘厳な瑞相であると言えましょう。

宗祖御誕生会とお塔開き

総本山では毎年二月十六日、御法主上人の大導師のもと、御影堂において宗祖御

御誕生会（総本山御影堂）

誕生会が奉修されています。これにならい、各末寺においても同日、御誕生会を奉修しています。

また総本山では、御誕生会に引き続き、五重塔《ごじゅうのとう》の扉を開いて読経・唱題する「お塔開き」が修されています。

総本山の五重塔は、法華経見宝塔品《けんほうとうほん》第十一に説かれる多宝仏の大宝塔涌現になぞらえ、日蓮大聖人の末法一切衆生救済の仏法の精神に基づいて建立されたものです。

総本山の建物は南向きに建てられていますが、五重塔だけは西向きに建てられています。これは『諫暁八幡抄《かんぎょうはちまんしょう》』に、

「日は東より出《い》づ、日本の仏法、月氏《がっし》

へかへるべき瑞相《ずいそう》なり（中略）日は光明月に勝《まさ》れり、五五百歳の長き闇を照すべき瑞相なり」（御書一五四三ジー）

との仰せによるものです。

つまり、釈尊の仏法がインドから中国を経て日本に渡来したのに対し、末法においては、太陽が東から昇って全世界に光明を及ぼすように、大聖人の下種仏法が西に向かって広宣流布し、一切衆生を救済する意義を表しています。

したがって、御誕生会に続いて修されるお塔開きは、御本仏大聖人の末法御出現と、その下種仏法が広宣流布する尊い意義を表す儀式なのです。

五重塔のお塔開き

3月／春分
9月／秋分

彼岸会

彼岸会は、春分と秋分の日を中心とする前後七日の間に修する追善供養の法要のことです。

彼岸会の意味

彼岸会は、聖徳太子《しょうとく》のころから行われていた日本独特の風習です。現在では、先祖の追善供養をすることが主になっており、寺院に参詣《さんけい》して塔婆供養をしたり、お墓参りをすることが通例となっています。

「彼岸」という言葉は、梵語のパーラミターという語に由来しています。パーラミターは「波羅蜜《はらみつ》」と音訳し、「到《とう》彼岸（彼《か》の岸に到る）」または「度（渡る）」と意訳します。

仏教では、私達が生活しているこの世界を穢土《えど》、または娑婆《しゃば》世界と言い、穢《けが》れた苦しみの世界であると説いています。そして、この娑婆世界を此岸《しがん》（こちらの岸）に、煩悩《ぼんのう》・業《ごう》・苦の三道という苦しみを大河《たいが》の流れに、涅槃《ねはん》（成仏の境界《きょうがい》）を彼岸（向こう岸）に、それぞれ譬えるのです。

此岸（穢土）から生死《しょうじ》の苦しみの大河を渡って、彼岸（浄土）に到達するためには、仏法という船に乗らなければなりません。

ところが、これにも、わずかな人数しか乗れない「小乗」という小さな船もあれば、大勢の人が乗ることができる「大乗」の船があります。

日蓮大聖人は『薬王品得意抄』に、

「生死の大海には爾前《にぜん》の経は或《あるい》は栰《いかだ》或は小船なり。生死の此《こ》の岸より生死の彼《か》の岸には付くと雖《いえど》も、生死の大海を渡り極楽の彼岸にはとづき《届》がたし」

（御書三五〇ページ）

【通釈】迷い苦しみの世界である生死の大海のなかで、法華経以前の爾前経の教えは筏《いかだ》や小船のようなものであって、生死の此岸から生死の彼岸に着くことはできても、生死の大海を渡って彼岸の浄土に着くことはできない。

と仰せられ、また『椎地《しいじ》四郎殿御書』に、

「生死の大海を渡らんことは、妙法蓮華経の船にあらずんばかなふべからず」

（同一五五五㌻）

と仰せられて、本当の彼岸に到達できるのは、大聖人の南無妙法蓮華経の大船のみであると教えられています。

大聖人の南無妙法蓮華経は、すべての仏法の究極である事《じ》の一念三千の法であり、これを信ずるならば、煩悩《ぼんのう》即菩提《ぼだい》、生死即涅槃、娑婆即寂光《じゃっこう》という即身成仏の大功徳《くどく》を得ることができるのです。

また大聖人は『一生成仏抄』に、

「衆生の心けがるれば土《ど》もけがれ、心清ければ土も清しとて、浄土と云ひ穢土《えど》と云ふも土に二つの隔《へだ》てなし。只《ただ》我等が心の善悪によると見えたり」

（同四六ジペー）

【通釈】衆生の心が穢《けが》れると住んでいる国土も穢れ、心が清らかになるとその国土も清らかになる。浄土と言い、穢土と言っても国土が別々にあるわけではない。ただ我らの心の善悪によるのである。

と仰せられ、彼岸といっても極楽という別世界があるのではなく、この世で成仏することが彼岸に到ることであると示されています。

彼岸に到達する方途

仏教では、彼岸に到達するための修行として、布施《ふせ》・持戒《じかい》・忍辱《にんにく》・精進《しょうじん》・禅定《ぜんじょう》・智慧《ちえ》の六波羅蜜《はらみつ》を説いています。しかしこれは、成仏を志す菩薩が果てしなく生死を繰り返しながら、永遠とも言えるほど長い期間にわたって行ずる歴劫《りゃっこう》修行であり、末法《まっぽう》の凡夫にできるものではありません。

大聖人は無量義経の、

「未《いま》だ六波羅蜜を修行することを得ずと雖《いえど》も、六波羅蜜自然《じねん》に在前《ざいぜん》す」

（法華経四三ジペー）

との文を引かれ、南無妙法蓮華経の御本尊を受持することによって、自然に六波羅蜜の修行の功徳が具《そな》わり、彼岸（成仏の境界）に到達できると教えられています。

大聖人の仏法は、仏法の根本である久遠元初《くおんがんじょ》・独一《どくいち》本門の本法である故に、その当体である本門戒壇《かいだん》の大御本尊を受持《じゅじ》する一行に、あらゆる仏道修行の功徳が具わるのです。

大御本尊の受持に六波羅蜜の修行と功徳が具わっていることは、次のように考えることができるでしょう。

①布施《ふせ》…御本尊に財物を御供養申し上げること（財施）、折伏《しゃくぶく》をすること（法施）、広宣流布《るふ》に向かって人々を救済していくこと（無畏《むい》施）。

②持戒《じかい》…御授戒を受けて御本尊を受持し、謗法《ほうぼう》を行わないこと。

③忍辱《にんにく》…折伏の時に非難されても慈悲の心をもって堪《た》え忍ぶこと。

④精進…純粋な信心で不断に修行を実践すること。

⑤禅定《ぜんじょう》…御本尊に心を定めて勤行・唱題すること。
⑥智慧…以信代慧《いしんだいえ》（信を以《もっ》って智慧に代える）により、強盛《ごうじょう》な信心をもって修行に励むこと。

したがって、大御本尊を信じ、真剣に修行に励むことによって、私達は即身成仏の境界を開いて彼岸に到達することができるのです。

以上のように、彼岸の本来の意義は、まず生きている私達自身が正しい信心修行に励んで真の幸福境界《きょうがい》を開くことにあります。さらに仏道修行によって自らに具わる功徳を回向《えこう》し、先祖の追善供養をすることが大切となります。

彼岸会の意義

本宗において、春秋の彼岸会を修するのには深い意義があります。

彼岸の中日である春分・秋分の日は、昼と夜の時間が同じとなる日であり、これは陰陽《おんみょう》同時・善悪不二《ふに》を表しています。

天台大師は『法華文句《もんぐ》』に、

「仏は中道を好みたもう」（文句会本上八八㌻）

と釈《しゃく》しています。

仏教では、昼と夜の時間が同じとなるこの時に善行を修する功徳は、他の時に行う功徳よりも勝《すぐ》れるとされるのです。

また、世間でも「暑さ寒さも彼岸まで」と言われるように、この時期は一年で最も気候の良い時です。したがって、私達が功徳を積み、彼岸に到る絶好の時期であると言えるでしょう。

また、本宗で彼岸会を修するのは、正しい先祖供養の方法を知らない人に対し、大聖人の仏法による最高の追善供養の仕方を教える機会とするためです。

彼岸会は、日本国内で知らない人はいないと言えるほど、一般的な習慣となっています。大聖人は『太田左衛門尉《さえもんのじょう》御返事』に、

「予《よ》が法門は四悉檀《しつだん》を心に懸けて申すなれば、強《あなが》ちに成仏の理に違《たが》はざれば、且《しばら》く世間普通の義を用《もち》ゆべきか」（御書一二二二㌻）

彼岸会（総本山客殿）

【通釈】私〔大聖人〕の法門は、四悉檀を心掛けて述べているのであり、成仏の道理に背くものでなければ、世間で行っていることを用いてもよいのである。

と仰せられています。

すなわち、彼岸会を妙法の御本尊のもとで修するならば、謗法《ほうぼう》の寺社への参詣を防ぎ、自身の成仏のための最高の修行と真の先祖供養を行うことになるのですから、その功徳は計り知れないほど大きいのです。

また、仏法には四恩が説かれ、知恩・報恩の大切さが教えられています。したがって、彼岸会には寺院に参詣して先祖の塔婆を建立《こんりゅう》し、御住職と共に御本尊に読経・唱題申し上げて回向《えこう》するならば、故人は大功徳に浴し、安穏《あんのん》な成仏の境界へと到ることができます。

これに対し、他宗で行う彼岸会は無益であるどころか、謗法の儀式によって自らも先祖も共に悪道に堕《お》ちることになってしまいます。そのことを大聖人は、

「追善を修するにも、念仏等を行ずる謗法の邪師の僧来《き》たって（中略）訪《とぶ》らはゞ過去の父母・夫婦・兄弟等は弥《いよいよ》地獄の苦を増し、孝子は不孝、謗法の者となり、聴聞《ちょうもん》の諸人は邪法を随喜し悪魔の眷属《けんぞく》となる」（唱法華題目抄・同二二四ジペー）

【通釈】追善供養を修するにも、念仏等を行ずる謗法の邪師の僧に頼んで弔《とむら》うならば、亡くなった父母・夫婦・兄弟等はいよいよ地獄の苦しみを増し、供養を志した子供は不孝の謗法者となり、その儀式に参加した人々は、邪法によって喜ぶ悪魔の眷属となってしまうのである。

と仰せられています。

私達は、彼岸会の本来の意義を理解するとともに、日蓮正宗の彼岸会こそ成仏の

要道であり、真の先祖供養となることを心得て、人々にこのことを教え、導いていきましょう。

本宗では、これらの意味から古来、「常盆・常彼岸」（常日ごろからお盆、彼岸の心持ちで追善供養に励むこと）と言われているのであり、他宗で言う彼岸とは全くその趣きを異にしていることを忘れてはなりません。

4月
6・7日

御霊宝虫払大法会

御霊宝虫払大法会《ごれいほうむしばらいだいほうえ》は、宗祖御大会《ごたいえ》と共に宗門の二大法要と称される重要な法会であり、毎年四月六日・七日の両日、総本山大石寺において奉修されます。

正法厳護の御精神を目の当たりに

御霊宝虫払大法会は、宗祖日蓮大聖人以来、七百五十年余の間、宗門に伝えられてきた多くの重要な御宝物を護り、後世に永く伝えていくため、年に一度、湿気を払い、害虫を除くなど保存に必要な手入れをし、あわせて多くの参詣者に披露《ひろう》して信行倍増に資する儀式です。

この大法会は、遠く第二祖日興上人の正法厳護《しょうぼう》の御精神を基《もと》とし、御歴代上人が折々にお弟子方を督励《とくれい》して行われてきました。

明確な記録として、第十四世日主上人の時代（十六世紀）に、七月あるいは八月に行われたことを記した文書が残っています。

また、江戸時代以降は、三年おき、あるいは一年おきに、おおむね六月に行われてきました。

大法会の儀式

現在、総本山における御霊宝虫払大法会が、毎年四月六日・七日に奉修されていることは、日蓮大聖人が誕生された貞応《じょうおう》元（一二二二）年二月十六日が、現在の暦では四月七日に当たることによっています。

大法会一日目の四月六日、最初の行事である御開扉《ごかいひ》の折、御法主上人が本門戒壇《かいだん》の大御本尊のお清め・お風入れの儀をなされます。

御書講

夜に入り、あかあかと篝火《かがりび》が燃えさかる参道を、大勢の僧侶を従えられた御法主上人が、しずしずと御影堂《みえいどう》へ向かわれ、内陣《ないじん》中央の高座《こうざ》に登られて、御書講《ごしょこう》をされます。このあと、僧侶による布教講演会が催され、一日目の行事は終わります。

二日目の七日は、午前二時半から客殿において勤行衆会《しゅえ》（丑寅《うしとら》勤行）が修され、出仕僧侶・参詣信徒は広宣流布《るふ》の御祈念をされる御法主上人に随従《ずいじゅう》します。

午前七時、御法主上人は再び御影堂へ出仕され、第二祖日興上人の御報恩

重宝が次々と客殿に移される

御講を奉修されます。

次いで午前九時より、客殿において御霊宝虫払の行事が開始されます。これに先立ち、輪宝《りんぼう》、鶴丸《つるまる》、亀甲《きっこう》の紋が入った長持《ながもち》に納められて御宝蔵に厳護されている数々の重宝が、客殿へ移されます。各長持を蓮台《れんだい》に乗せ、負担役の僧侶がこれを担い、御法主上人の先導される輪宝長持を先頭に鶴丸、亀甲の順に客殿内陣にお運びするのです。

そして、大石寺総代が立ち会って長持の封印を切り、輪宝長持から大聖人の「御生骨《ごしょうこつ》」と「雨の祈りの三具足《みつぐそく》」が取り出され、正面の御前机《おまえづくえ》の中央に

御霊宝虫払いの儀

安置されます。

続いて、御法主上人と御隠尊《いんそん》上人の読み上げに従って、大聖人御真筆《しんぴつ》「師資《しし》伝授の御本尊」をはじめ、第二祖日興上人、第三祖日目上人以来、御歴代上人御書写の御本尊等が内陣と外陣《げじん》の特設柱に奉掲《ほうけい》されます。

最後に、大石寺創建の時、日興上人から日目上人に授与された大幅《たいふく》の「御座替《おざが》わり御本尊」が外陣中央に奉掲され、ここで読経・唱題が行われます。

このあと、奉掲されたそれぞれの御本尊等について説明が行われます。総本山には、大聖人以来、代々の御法主上人の御本尊百二十余幅が厳護されていますが、御霊宝虫払大法会に奉掲されるのは、大聖人から第九世日有《にちう》上人までの六十幅余りです。

御霊宝虫払が終わると、御真翰《しんかん》披露の儀に移ります。これは大聖人が認《したた》められた御書をはじめ、日興上人、日目上人等が書かれた書物やお手紙を披露する儀式です。

御法主上人が内陣中央の高座に登られ、読経・唱題ののち『日蓮一期弘法付嘱書《いちごぐほうふぞくしょ》』『身延山付嘱書』と、日興上人が日目上人に与えられた『日興跡条々事《あとじょうじょうのこと》』を読み上げて披露され、引き続き大聖人の御筆による御書等が次々に披露されます。

これらの御真翰は、披露役の僧侶が奉持して、参列者に披露しながら内陣および外陣に設けられた通路を巡《めぐ》り、披露後は元の長持に納められ、儀式は終了します。

なお、大聖人御真蹟《しんせき》の御書二十六巻は、昭和四十二年六月十五日、国の重要文化財に指定されています。

このほか、日興上人の御筆による多くの御書の写本や、お弟子に与えられた御消息、日目上人・日道上人のお手紙など、七百五十年の歴史と伝統の重みを示す数々の重宝が披露される様子は、まことに壮観です。

正法護持の精神を学ぶ

大聖人が入滅されたのち、日昭、日朗等の五老僧は「大聖人が仮名《かな》文字で書かれた手紙は、御供養の返礼として愚癡《ぐち》の者を導くためのものであり、これを残しておくことは、大聖人の恥《はじ》を後世に残すようなものだ」と言って、御書をすき返したり、焼いたりしてしまいました。このような暴挙は、不相伝の五老僧達が「大聖人は末法の一切衆生を救う御本仏であり、そのお言葉、書き残されたお文字は仏の御金言《きんげん》である」という、最も大事なことを解っていなかったことが原因です。

大聖人の正嫡《しょうちゃく》・第二祖日興上人は、その心得違いを糾《ただ》し、散在していた大聖人の御書を集めて重要な御書の目録を作り、また自ら御書を書き写すなどして、御書の収集と保存に努められたのです。

こうした日興上人の令法久住《りょうぼうくじゅう》の御精神を受け継《つ》ぎ、代々の御法主上人が厳護され、信徒の外護《げご》があったからこそ、今日、我々は尊い聖教《しょうぎょう》を目《ま》の当たりに拝することができるのです。

私達は、御霊宝虫払大法会を通して、大聖人の仏法を一分の誤りなく伝えられた先師先達の御苦心に思いをいたし、正法護持の精神を学ばなくてはなりません。

そして僧俗が、共々に妙法広布への前進を誓うところに、この大法会の重要な意義があるのです。

御真翰披露の儀

4月

28日

立宗会（宗旨建立法要）

立宗会《りっしゅうえ》（宗旨建立法要）は、末法の御本仏日蓮大聖人が南無妙法蓮華経の宗旨を建立し、立宗を宣言あそばされた建長《けんちょう》五（一二五三）年四月二十八日を記念して御報恩申し上げる法要です。

立宗の御決意

大聖人は十六歳の時、安房《あわ》国（千葉県）清澄寺《せいちょうじ》において道善房を師として出家得度され、京都や奈良等に十数年にわたって遊学《ゆうがく》されました。

生まれながらにして深い法華経の境地《きょうち》に立たれていた大聖人は、遊学において当時の世相を見通され、人々の不幸の原因は低劣な邪法を信じていることにあり、末法の一切衆生を救う道は、法華経寿量品の文底《もんてい》に秘し沈められた南無妙法蓮華経を信仰する以外にない、との裏づけを得られました。

しかし、ひとたびこれを言い出せば、身命《しんみょう》にまで及ぶ数々の大難が襲いかかることが法華経に予言されています。それを御承知の上で大聖人は、いかなる三障四魔が競い起ころうとも、末法万年の人々を塗炭《とたん》の苦しみから救うとの大慈悲をもって、立宗を決意されました。

宗旨建立

大聖人の宗旨建立は、三月と四月の両度にわたり拝されます。

三月二十八日、御本仏大聖人が悟られ、御胸中《きょうちゅう》に秘められていた題目を、末法において初めて法界に向かい、声高らかに唱えられたのです。そして、破邪を表として念仏と禅の破折《はしゃく》を、順縁の少々の人々に説かれました。

さらに四月二十八日には、一切衆生成仏のために題目を開宣するに際し、妙法の宗旨を建立されたのです。
この宗旨の建立に当たって大聖人は一人、清澄山上の嵩《かさ》ヶ森に立ち、遠く太平洋の彼方《かなた》に差し昇る日の出を待たれました。やがて、水平線上に旭日が現れると、起立合掌《がっしょう》されていた大聖人は「南無妙法蓮華経　南無妙法蓮華経　南無妙法蓮華経」と、末法万年の闇を照らす下種《げしゅ》の題目を、厳《おごそ》かに、力強く朗々と唱え出《い》だされました。
この題目は、久遠元初本因《くおんがんじょほんにん》下種の大法であり、一切の生命が妙法を信ずることによって直《ただ》ちに成仏するという未曽有《みぞう》の教えです。
インド応誕《おうたん》の釈尊《しゃくそん》はもちろん、中国最高の碩徳《せきとく》と言われる天台大師、大学匠《がくしょう》の妙《みょう》楽《らく》大師、そして日本天台宗の開祖・伝教大師《でんぎょうだいし》の教えは法華経を中心としていますが、これらは既《すで》に仏種《ぶっしゅ》を植えられた衆生を救うための教法でした。

大聖人によって初めて、末法のあらゆるものを根底から救うという、仏教史上、いまだ誰人も説き出ださなかった七文字の題目が唱《い》え出だされたのです。

凡智では、単なる大聖人の肉声であったかも知れません。しかし真実には、一切の森羅万象《しんらばんしょう》の仏性を歓喜踊躍《ゆやく》せしめる妙法の大音声《おんじょう》であったのです。

初転法輪《しょてんぽうりん》

四月二十八日午《うま》の刻（正午）、清澄寺諸仏坊の持仏堂には、遊学を終えて帰山《きざん》した大聖人の説法を聞こうと、多くの僧俗が集まっていました。

そこで、大聖人は初めて本格的な妙法弘通《ぐずう》の説法をなされました。これを初転法輪と言います。

大聖人の堂々たる気迫、さわやかで淀《よど》みのない弁舌《べんぜつ》、豊かな知識に、いつしか聴

衆の心は惹《ひ》きつけられていました。

しかし、説法が進むにつれ、その感嘆《かんたん》は驚きと憎しみに変わっていきました。

末法という時代の説明から、釈尊の仏法が既に力を失ったこと、既存の仏教各宗では成仏できないことを理路整然と述べ、特に禅は天魔の邪説、念仏は無間《むけん》地獄の悪法であることを強調されました。また、これら謗法の諸宗を信仰することによって、下克上《げこくじょう》の気風が増長し、社会秩序の混乱と人倫《じんりん》の退廃《たいはい》、天変地夭《ちよう》を招いていることを訴えられました。

そして、末法の衆生を救うことができる教えは南無妙法蓮華経のみであり、早く禅、念仏等の邪法を捨てて、この妙法を信ずべきであると勧められたのです。

このような説法に対し、謗法の執着が強い地頭の東条景信《かげのぶ》は、瞋《いか》りと憎しみを懐《いだ》いて怨嫉誹謗《おんしつひぼう》の徒となりました。

この時より、数々の大難をものともされず、末法の法華経の行者として妙法を弘通するという大聖人の御化導《けどう》が開始されたのです。

立宗会の意義

以上のように、大聖人の宗旨建立は、法華経の行者としての御化導の端緒《たんしょ》であり、御本仏が末法において妙法を弘通される初めであるという深義が存します。

この上から総本山においては、御法主上人の大導師のもと御影堂《みえいどう》において、三月二十八日に立宗内証宣示報恩会《ないしょうせんじほうおんえ》を、四月二十八日に立宗会を奉修し、日蓮大聖人の大慈大悲に対し奉り、御報恩謝徳申し上げています。

また、全国の各寺院においても、四月二十八日に立宗会を奉修しています。私達は、立宗会に参詣し、不退転の弘通を誓願された大聖人の大慈悲を拝し奉り、いよいよ強盛《ごうじょう》な信心を発《おこ》し、折伏弘通の決意を新たにいたしましょう。

5月
1日

大行会（南条時光殿法要）

総本山において、毎年五月一日に奉修される大行会《だいぎょうえ》は、大石寺の開基檀那《だんな》である南条七郎次郎時光《ときみつ》殿、法名・大行尊霊の祥月《しょうつき》命日忌の法要です。

日蓮大聖人と南条家

時光殿の父・兵衛《ひょうえ》七郎殿は、もともと伊豆国南条（静岡県伊豆の国市南条）に住み、のちに富士上野（富士宮市上条付近）に移ったので、「南条殿」とも「上野殿」とも呼ばれています。

兵衛七郎殿は、鎌倉幕府に仕えていたことから、当時、鎌倉で弘教されていた日蓮大聖人にお会いして入信し、純真な信仰に励んでいました。しかし、文永《ぶんえい》二（一二六五）年三月八日、時光殿が七歳の時に病気で亡くなりました。大聖人は、兵衛七郎殿の死を深く悼《いた》み、富士上野まで足を運ばれ、墓参をされています。

それから九年後の文永十一年五月、佐渡配流《はいる》を赦免《しゃめん》された大聖人が身延山（山梨県南巨摩《こま》郡身延町）に入られたことを伝え聞いた南条家では、様々な御供養の品を取りそろえ、時光殿が身延の大聖人へお届けしました。

大聖人は返礼のお手紙に、

「をんかたみ《御遺愛》に御みをわかく《若》してとゞめをかれけるか。すがた《姿》のたがわせ《違》給はぬに、御心さえにられ《似》ける事いうばかりなし」

（南条後家尼御前御返事・御書七四一ﾍﾟｰｼﾞ）

【通釈】形見として、故上野殿の姿を若くしたような子息を遺《のこ》し置かれたのでしょうか。時光殿は姿も違わないばかりか、心まで似ていることは言いようもありません。

と認《したた》められ、時光殿が父・兵衛七郎殿によく似ている上に、信心をも立派に受け継《つ》いでいることをたいへん喜ばれました。

日興上人と南条家

翌文永十二年の正月、大聖人は兵衛七郎殿の墓参のために、日興上人を南条家に遣《つか》わされ、これを機に日興上人と南条家との深い縁が結ばれました。

このころ、日興上人は富士山麓《さんろく》一帯において折伏《しゃくぶく》を展開され、時光殿も日興上人に従い、懸命に大聖人の教えを弘めました。そして、親戚の松野殿、新田《にいだ》殿、石川殿等にも正しい信仰を勧め、これらの人々を入信に導いたのです。

また、日興上人の弘通は富士下方《しもかた》（静岡県富士市）にも及び、天台宗滝泉寺《りゅうせんじ》の僧侶であった日秀・日弁・日禅の各師や、近在の人々が多く改宗・帰依《きえ》し、大聖人の弟子檀那となりました。

熱原法難

このような法華の僧や信徒の増加を妬《ねた》み恨《うら》んだ滝泉寺院主代《いんじゅだい》・行智《ぎょうち》をはじめ、他宗の人々は、権力者の力を借りて熱原《あつわら》（富士市厚原付近）の信徒を迫害し、熱原法難が惹起《じゃっき》しました。

この法難は、建治《けんじ》元（一二七五）年ごろから始まり、弘安《こうあん》二（一二七九）年に激しさを増し、同年九月には行智等の陰謀《いんぼう》によって、熱原の農民信徒二十人が無実の罪で捕縛《ほばく》され、鎌倉に連行されるという事態に至りました。農民信徒は、北条家の重臣・平左衛門尉頼綱《へいのさえもんのじょうよりつな》の拷問《ごうもん》を受け、改宗を迫られました。しかし、熱原の信徒は脅迫《きょうはく》に屈せず題目を唱え続けたため、怒《いか》り狂った頼綱により、中心者の神四郎《じんしろう》・弥《や》五郎《ごろう》・弥六郎が斬罪《ざんざい》に処されたのです。

この法難に際して、時光殿は大聖人・日興上人の指導を受けて、熱原の信徒を団結させ、身に危険の迫った人々をかくまうなど、命を懸けて謗法者《ほうぼう》の弾圧と戦いました。

南条時光殿の信心

大聖人は、時光殿の働きを称賛され、「上野賢人《けんじん》」との号を贈られました。当時、時光殿がいかに大聖人の御教え通りに実践され、しかもその活躍が類《たぐ》い希《まれ》なものであったかが解ります。

法難が落ち着きを見せたあとも、他宗の人々は幕府権力者と結託《けったく》して、南条家に重い税金や工事を課すなどの迫害を加えました。

南条家にとって、これらの課税や工事は大きな痛手でしたが、時光殿をはじめ一家は苦難に屈せず、常に大聖人への御供養を心掛けられました。

大聖人は、

「わが身はのるべき馬なし、妻子はひきかゝるべき衣《ころも》なし。かゝる身なれども、法華経の行者の山中の雪にせめられ、食とも《乏》しかるらんとおもひやらせ給ひて、ぜに一貫《かん》を《送》くらせ給へる」（上野殿御返事・御書一五二九ページ）

【通釈】自分は乗るべき馬もなく、妻や子に着せる衣服もない。そのような身であるけれども、法華経の行者である日蓮が山中で雪に責められ、食物も乏《とぼ》しいことであろうと思いやられて、銭《ぜに》一貫文《もん》を送っていただいた。

と仰せられ、時光殿の信心を賞されています。

弘安四（一二八一）年の夏ごろ、二十四歳の時光殿は病に倒れ、翌年二月、にわかに病状が悪化しました。その報《しら》せを聞かれた大聖人は、御自身も病床《びょうしょう》にあられましたが、早速、時光殿の快復を祈られ、弟子の日朗に書状を代筆させて御秘符《ひふ》を下付《かふ》されました。さらに三日後には、病体を押して自ら筆を執《と》られ、日興上人を通じて『法華証明抄《しょうみょうしょう》』（御書一五九〇ページ）を送られました。

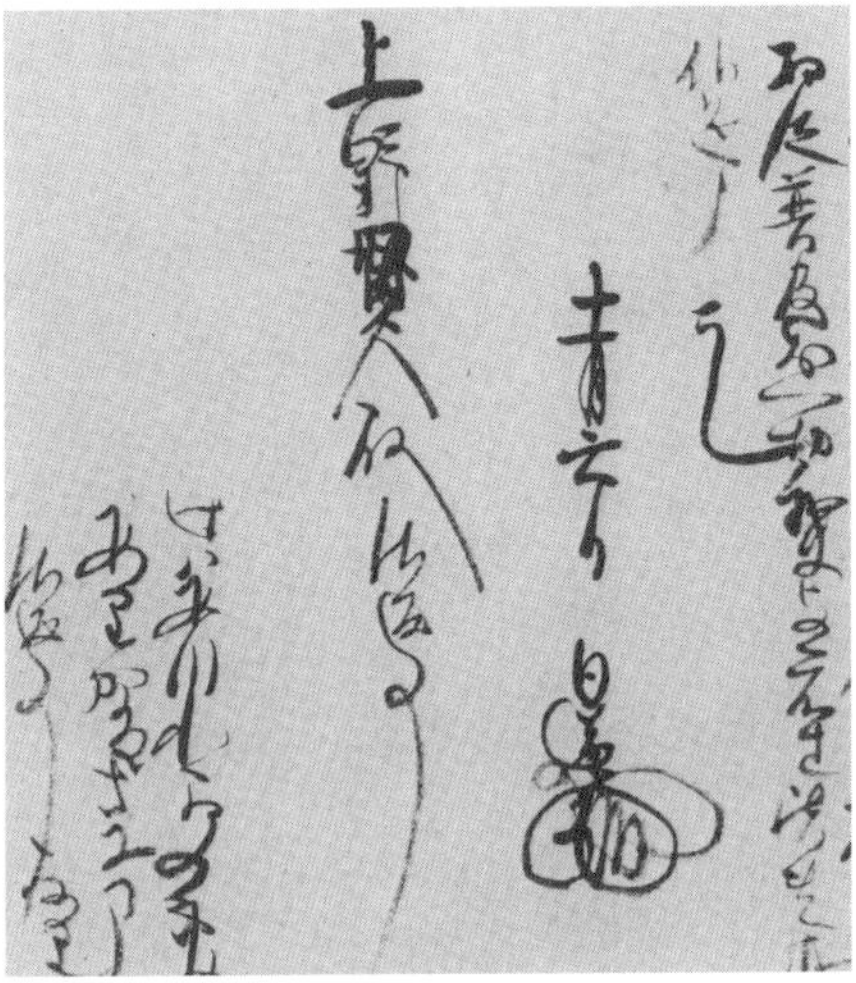
大聖人は南条時光殿の信心を称賛され「上野賢人」の号を贈られている
上野殿御返事（大石寺蔵）

　時光殿は、大聖人の御祈念と日興上人の激励、そして強盛《ごうじょう》な信心で培《つちか》った強靭《きょうじん》な生命力によって大病を克服し、その後、五十年もの寿命を延ばして、七十四歳の長寿を全うすることができたのです。

時光殿をはじめ、南条家が大聖人から賜《たまわ》った数多くのお手紙は、現在に伝えられ、本宗信徒の信行の指針となっています。

弘安五年十月十三日、武蔵《むさし》国池上（東京都大田区）における大聖人の御入滅に際し、時光殿は葬儀に馳《は》せ参じ、散華《さんげ》の役を勤めました。また、日興上人は大聖人の御霊骨を奉じて身延にお帰りになる途中、南条家に一宿されています。

七年後の正応《しょうおう》二（一二八九）年、時光殿は、地頭・波木井実長《はきりさねなが》の謗法《ほうぼう》によって身延を離山された日興上人を、自領の富士上野の地にお迎えしました。さらに、日興上人が大聖人御遺命《ゆいめい》の本門戒壇建立《かいだんこんりゅう》の地と定められた大石《おおいし》ヶ原を寄進して、総本山大石寺の基礎を築いたのです。

翌正応三年、大坊が完成して大石寺の基礎が定まったあとも、時光殿は日興上人、第三祖日目上人以下、門下の外護《げご》に尽力しました。

晩年の時光殿

時光殿は晩年、入道《にゅうどう》して大行《だいぎょう》と名乗り、十余人の子供に恵まれて、幸せな日々を送りました。また、一族からは第三祖日目上人、第四世日道上人をはじめ、多くの僧侶を輩出《はいしゅつ》し、総本山および宗門を守りました。

元弘《げんこう》二（正慶《しょうきょう》元・一三三二）年五月一日、時光殿は生涯の師と仰いだ日興上人に先立ち、七十四歳の一生を安らかに終えました。

時光殿の墓碑《ぼひ》は、大石寺の南々西約二キロの高土《たかんど》の地（富士宮市下条）に、雄大な

大行尊霊と御両親の墓碑

富士山と総本山を望むように建っています。

このように時光殿は、大聖人、日興上人に師弟相対の信心をもってお仕えするとともに、富士地方の信徒の大将として折伏を行じ、広宣流布《るふ》の根本道場である大石寺を建立寄進するなど、偉大な功績を残しています。

これを称《たた》えて、総本山では毎年、時光殿の祥月命日である五月一日に、御法主上人の大導師のもと大行会を奉修しているのです。

7月

15日

盂蘭盆会（お盆）

毎年七月十五日に、先祖の供養を行う行事を「お盆」と言い、正式には「盂蘭盆《うらぼん》会《え》」と言います（地域によっては八月に行う所もあります）。

春秋の彼岸会と共に、先祖供養の日として一般にも広く行われている行事です。

盂蘭盆の意味

「盂蘭盆」とは、梵語《ぼんご》のウランバナの音写であり「倒懸《さきがけ》」という意味で、餓鬼道《がきどう》の飢《う》えや渇《かわ》きの苦しみが、逆さに吊《つる》された苦しみに似ているところから、このように言われます。また盆は、供物《くもつ》を盛る盆器《ぼんき》を意味するという説もあります。

盂蘭盆会は、悪道に堕《お》ちて苦しむ人を救うために行う儀式であり、日本で行われるようになったのは、仏教伝来から約百年後の第三十七代斉明《せいめい》天皇の時代と言われています。

盂蘭盆会の起源

仏説盂蘭盆経には、次のような説話が示されています。

釈尊《しゃくそん》の十大弟子に、神通《じんずう》第一と言われた目連《もくれん》尊者という方がいました。目連尊者は、幼い時に母と死別したので、生前に孝行ができなかったことを悔い、それを何よりも悲しく思っていました。

そこで、母の様子を知るために、これまでの修行によって得た神通力をもって三千大千世界を見渡したところ、母・青提女《しょうだいにょ》は生前、欲深く、物を惜しんだ慳貪《けんどん》の罪によって餓鬼道に堕ちていました。その姿は骨と皮だけにやせ衰え、のどは針のように細く腹だけがふくれ、見るも哀《あわ》れな餓鬼となっていました。

これを見て、たいへん悲しんだ目連尊者は早速、神通力をもって食物を母に与えようとしましたが、母が実際に口に入れようとすると、突然燃え上がり、母は炎に包まれてしまいました。驚いた目連尊者が神通力で水をかけると、水は炎に変じてさらに燃え広がり、火だるまとなった母は悲鳴をあげて泣き叫ぶのでした。

これを見て、自分ではどうすることもできないことを知った目連尊者は、急いで釈尊のもとへ駆《か》けつけ、母を救う道を尋ねました。

釈尊は、静かに教えられました。

「目連よ、おまえの母は罪が深く、おまえ一人の力では救いがたい。いや、天神・地神や外道《げどう》の導師、四天王でも救うことはできない。

この七月十五日に百味《ひゃくみ》の飲食《おんじき》を供え、十方の聖僧を招いて供養しなさい。そうすれば、母を餓鬼道から救い出すことができるであろう」

目連尊者は、その教えの通りに実践し、母を餓鬼道の苦しみから救うことができました。

喜んだ目連尊者は「この大功徳《くどく》を人々にも伝えて、それぞれの両親はもとより、

墓参の儀（大石寺墓地）

七世の父母をも救いたいと思います」と願ったところ、釈尊は「それは、私の望むところである」と、一座の大衆に対して、のちのちまでもこの仏事を行うように勧められました。これが盂蘭盆会の起源となったのです。

真の成仏は法華経による

目連尊者が、自らの神通力をもって母を救うことができなかったのは、目連尊者が得たのは小乗の最高位に過ぎず、実大乗の法華経の悟りには遠く及ばなかったからです。また、釈尊の教えに従うことによって母を救い出すことはできましたが、それはわずか一劫の間、餓鬼道の苦悩から救ったに過ぎなかったのです。

母・青提女の実際の成仏について、日蓮大聖人は、

「目連尊者と申す人は法華経と申す経にて『正直捨方便《しょうじきしゃほうべん》』とて、小乗の二百五十戒立ちどころになげすてゝ南無妙法蓮華経と申せしかば、やがて仏になりて名号《みょうごう》をば多摩羅跋栴檀香仏《たまらばつせんだんこうぶつ》と申す。此《こ》の時こそ父母も仏になり給へ（中略）目連が色心《しきしん》は父母の遺体なり。目連が色心、仏になりしかば父母の身も又仏になりぬ」（盂蘭盆御書・御書一三七六㌻）

【通釈】目連尊者という人は、法華経に『正直に方便を捨てて』と説かれるように小乗の戒律二百五十戒を投げ捨てて、南無妙法蓮華経と唱えたことにより、のちに多摩羅跋栴檀香仏という仏に成ることができた。この時に、目連尊者の父母も仏に成ったのである。目連尊者の身心は父母の遺《のこ》した身体である。故に目連尊者の身心が仏に成った時に、父母もまた成仏したのである。

と教示されています。

すなわち、目連尊者はのちに法華経を信受したことによって、自身が多摩羅跋栴檀

栴檀香仏という仏に成り、その功徳によって初めて、父母をも成仏に導くことができたのです。

末法の法華経は南無妙法蓮華経

何よりも、今生きているすべての人が成仏する妙法によってこそ、亡くなった方を成仏へと導くことができる、ということを忘れてはなりません。

その意味から言えば、目連尊者が信じた法華経も末法においては、一切衆生が成仏できる教えではないのです。あくまで御本仏日蓮大聖人が唱え出だされた文底本《もんていほん》因下種《にんげしゅ》の南無妙法蓮華経に限ります。そのことを大聖人は、

「今、末法に入りぬれば余経も法華経もせん詮なし。但《ただ》南無妙法蓮華経なるべし」

（上野殿御返事・御書一二一九㌻）

と仰せられています。したがって先祖供養も、私達が大御本尊を信じて南無妙法蓮華経と唱え、大御本尊と境智冥合《きょうちみょうごう》して自ら即身成仏の境界《きょうがい》を開き、その大功徳を先

祖等に回向《えこう》することが最も正しい在り方なのです。

もしも、私達が誤った教えによって供養すると、目連尊者が神通力で母を苦しめてしまったように、先祖を安穏《あんのん》に導くどころか、かえって悪道に堕《お》としてしまうことを知らなくてはなりません。

本宗で盂蘭盆会を修する意義は、一つには、私達が自ら功徳を積み、それを回向して、真の先祖供養を修することです。つまり、寺院の盂蘭盆会に参詣して塔婆を建立《こんりゅう》し、住職と共に読経・唱題し、焼香をして、亡くなった方々の追善供養をするのです。

その際、住職と共に読経・唱題をするように心掛けましょう。大聖人は、

「だんな《檀那》と師とをもひあわ《思合》ぬいのり《祈》は、水の上に火をたく《焚》がごとし」

（四条金吾殿御返事・同一一一八ページ）

【通釈】信徒と師匠の僧との思いが合っていない祈りは、あたかも水の上に火を焚《た》くようなものであり、かなうことはないのである。

と仰せられて、住職と心を合わせて祈ることの重要性を教えられています。

焼香する参詣者

二つには、盂蘭盆会を機に、改めて先祖供養の大切さを理解し、間違った教えによって供養している人々に正しい先祖供養を教え、御本尊のもとに導くことにあります。

ともあれ、本宗では毎日がお盆であり、お彼岸であると心得て、先祖の供養を怠《おこた》りなく勤めていく大切さを、古来「常盆・常彼岸」という言葉で教えています。

盂蘭盆会に当たっても、私達は妙法の御本尊への信行に励み、その功徳を回向することが正しい先祖供養であると肝に銘じ、精一杯の追善供養を心掛けましょう。

8月 19日

寛師会（日寛上人法要）

寛《かん》師《し》会《え》は、日蓮正宗の中興《ちゅうこう》の祖である第二十六世日寛上人への御報恩のために、総本山において奉修される法要です。

日寛上人の御事蹟

日寛上人は、寛文《かんぶん》五（一六六五）年八月七日、上野国《こうずけのくに》（群馬県前橋市）前橋藩士であった伊藤家に誕生され、俗名《ぞくみょう》を市之進《いちのしん》と称されました。

十五歳ごろより江戸屋敷に勤めていた市之進は、天和《てんわ》三（一六八三）年、十九歳の時、下谷《したや》の常在寺《じょうざいじ》に隠棲《いんせい》されていた第十七世日精《にっせい》上人の説法を聴聞《ちょうもん》して出家を決意されました。そして同寺の後住《こうじゅう》となられた日永《にちえい》上人（のちの総本山第二十四世）の弟子となり、覚真日如《かくしんにちにょ》と称しました。

そして常在寺や大石寺で修行し、また日永上人に随従《ずいじゅう》して会津実成寺《じつじょうじ》で給仕されたのち、元禄《げんろく》二（一六八九）年、二十五歳の時、上総《かずさ》の細草檀林《ほそくさだんりん》（千葉県大網白里《おおあみしらさと》市）に入檀されました。

細草檀林は、寛永《かんえい》十九（一六四二）年に敬台院殿《きょうだいいんでん》の助力を得て設立された僧侶の学問所で、元禄のころには多くの学僧が集い、天台三大部等の研鑽《けんざん》に励んでいました。

日寛上人は、約二十年にわたる研学の末、宝永《ほうえい》七（一七一〇）年ごろ、檀林の最高位である化主《けしゅ》に昇格して堅樹院《けんじゅいん》日寛と号し、『法華玄義《げんぎ》』『法華文句《もんぐ》』を講《こう》じられています。

その後、正徳元（一七一一）年夏、大石寺の第六代学頭《がくとう》となって蓮蔵坊《れんぞうぼう》（学頭寮）に入り、大弐阿闍梨《だいにあじゃり》と称して『立正安国論《りっしょうあんこくろん》』『開目抄《かいもくしょう》』『観心本尊抄《かんじんのほんぞんしょう》』をはじめとする重要御書の講義、さらに教義に関する多くの著述《ちょじゅつ》をなされるなど、宗門の興学《こうがく》に努められました。

　享保《きょうほう》三（一七一八）年三月、第二十五世日宥《にちゆう》上人より血脈相承《けちみゃくそうじょう》を受けて総本山第二十六世の法主となられた日寛上人は、本宗教学の大綱《たいこう》を『六巻抄』としてまとめて他門流の邪義をことごとく破折《はしゃく》し、下種《げしゅ》仏法の正義《しょうぎ》を顕揚《けんよう》されました。

　享保五年二月二十四日、日寛上人は第二十七世日養《にちよう》上人に法を付嘱《ふぞく》され再び蓮蔵坊に入られましたが、同八年、日養上人の御遷化《せんげ》により再登座されています。

献膳される御法主上人（常唱堂）

　享保九年には常唱堂《じょうしょうどう》建立を発願《ほつがん》され、昼夜にわたる唱題の実践や信徒の育成に尽力され、さらには大石寺維持のための資金や五重塔《ごじゅうのとう》の造営《ぞうえい》基金を残されるなど、仏法護持と宗門の興隆に尽くされました。

　日寛上人は第二十八世日詳《にっしょう》上人に法を付嘱され、享保十一年八月十九

寛師会（常唱堂）

日、安祥として御遷化されました。

　御遷化に先立ち、日寛上人は、自分は臨終《りんじゅう》の際に平生《へいぜい》好んだ蕎麦《そば》を食し、唱題のうちに臨終を迎えるであろうと仰せられ、そのお言葉通りの御遷化の姿を示されて、御自身の御説法が大聖人の教えに寸分も違《たが》わないことを証明されました。

　このように、下種三宝《げしゅさんぼう》への信を根本とする行学の実践を示し、血脈《けちみゃく》相伝の仏法を体系的に明示して邪義邪宗を破折《はしゃく》され、総本山の維持営繕《えいぜん》に丹精《たんせい》された数々の御功績から、古来、日寛上人は第九世日有《にちう》上人と共に中興《ちゅうこう》の祖と仰がれています。

　総本山における寛師会は現在、日寛上人の祥《しょう》月命日《つき》を新暦に合わせ、九月の御命日に奉修されています。

九月十八日、御法主上人の大導師のもと、客殿に次いで常唱堂（石之坊）において御逮夜法要が奉修されたのち、僧侶による布教講演が行われ、翌十九日には客殿に引き続き常唱堂における御正当会が修されたのち、墓参の儀が執り行われます。

寛師会においては、日寛上人が好まれた蕎麦を御宝前にお供えするのが習わしとなっています。

また十八日には、「日寛上人は相撲《すもう》を楽しまれた」と伝わることから、僧侶や参詣者をはじめ多くの参加者によって奉納角力大会が

奉納角力大会

開催され、合わせて花火が打ち上げられます。

相撲の白熱した取り組みや、夜空に次々と打ち上げられる美しい花火は、多くの人々の目を楽しませ、総本山におけるこの時期の風物詩の一つとなっています。

私達は、興学布教《こうがくふきょう》・令法久住《りょうぼうくじゅう》に偉大な御功績を遺《のこ》された日寛上人の御恩にお応《こた》え申し上げるべく、一層、自行化他《けた》の実践に励んでいきましょう。

夜空を彩る花火（寛師会）

9月 12日

御難会（竜口法難会）

御難会《ごなんえ》は、宗祖日蓮大聖人が文永《ぶんえい》八（一二七一）年九月十二日、竜口《たつのくち》法難において、それまでの上行菩薩の再誕としての垂迹身《すいじゃくしん》を発《はら》い、久遠元初《くおんがんじょ》の御本仏としての本地身を顕《あらわ》されたことを御報恩謝徳申し上げる法要です。

法難に次ぐ法難

大聖人の御一生は、竜樹《りゅうじゅ》・天親《てんじん》・天台・伝教《でんぎょう》等の仏教の大弘通《ぐずう》者も肩を並べることができないほど、法難に次ぐ法難の連続でした。そのことを、大聖人は『開目抄《かいもくしょう》』に、

「二十余年が間此《こ》の法門を申すに、日々月々年々に難かさなる。少々の難はか

ずしらず、大事の難四度なり」（御書五三九ジペー）

と仰せられています。

大聖人が、このように数多くの法難を受けられた理由は、法華経が真実の教えであること、法華経を身読《しんどく》（色読《しきどく》）して御自身が末法《まっぽう》の法華経の行者にほかならないこと、この二つを証明されることにあったのです。

法華経の身読

釈尊《しゃくそん》は、法華経の法師品《ほっしほん》第十から見宝塔品《けんほうとうほん》第十一において、この経を弘める功徳《くどく》が甚大《じんだい》であることを説き、宝塔品では三箇の鳳詔《ほうしょう》をもって、未来に法華経を弘めることを勧められました。

そこで、多くの弟子達は法華経の弘通を願い出ましたが、釈尊はこの経を弘めることは、はなはだ困難であると説かれました。その時、多くの菩薩は、釈尊滅後の弘通を願い、「勧持品《かんじほん》二十行の偈《げ》」をもって、弘経に臨む決意を述べました。

竜口法難

すなわち多くの菩薩が、悪世末法において、たとえ悪口罵詈《あっくめり》、刀杖瓦石《とうじょうがしゃく》、追放等の迫害を加える俗衆増上慢《ぞくしゅうぞうじょうまん》・道門《どうもん》増上慢・僭聖《せんしょう》増上慢の三類の強敵《ごうてき》が出現しようとも、すべての大難を忍んで法華経を弘通すると誓ったのです。

しかし釈尊は、これらの菩薩も悪世末法の大難には耐えることはできないとして、地涌《じゆ》の菩薩を召し出《い》だされました。そして如来神《にょらいじん》力品《りきほん》第二十一において、その上行等の本化《ほんげ》の菩薩に法華経の肝要を付嘱《ふぞく》し、末法の弘通を託《たく》されたのです。

大聖人が『寂日房《じゃくにちぼう》御書』に、

「日蓮は日本第一の法華経の行者なり。すでに勧持品の二十行の偈の文は日本国の中には日蓮一人よめり」

（御書一三九三ジ）

身をもって読まれた法華経の行者は、大聖人をおいてほかにありません。これらの経文を

と仰せられているように、法華経を弘通して数多くの迫害を受け、これらの経文を身をもって読まれた法華経の行者は、大聖人をおいてほかにありません。

『開目抄』にも、

「末法の始めのしるし『恐怖悪世中《くふあくせちゅう》』の金言《きんげん》のあふゆへに、但《ただ》日蓮一人これをよめり（中略）日蓮なくば誰《たれ》をか法華経の行者として仏語をたすけん」

（同五四一ジ）

と御教示されているように、大聖人は数々の大難を受けられ、法華経の予言が真実であることを証明されたのです。

さらに『右衛門大夫殿御返事《えもんのたいふどのごへんじ》』に、

「当今《とうこん》は末法の始めの五百年に当たりて候。かゝる時刻に上行菩薩御出現あって、南無妙法蓮華経の五字を日本国の一切衆生にさづけ《授》給ふべきよし経文分明《ふんみょう》なり。又流罪《またるざい》死罪に行なはるべきよし明らかなり。日蓮は上行菩薩の御使ひにも似たり、此《こ》の法門を弘むる故に。神力品《じんりきほん》に云はく『日月《にちがつ》の光明《こうみょう》の能《よ》く諸《もろもろ》の幽《ゆう》

冥《みょう》を除くが如《ごと》く、斯《こ》の人《ひと》世間に行じて能く衆生の闇《やみ》を滅す』等云云。此の経文に斯人行世間《しにんぎょうせけん》の五《いつつ》の文字の中の人の文字をば誰とか思《おぼ》し食《め》す、上行菩薩の再誕の人なるべしと覚えたり」（同一四三五ジペー）

【通釈】まさに今は末法の初めの五百年に当たっている。この時に上行菩薩が出現し、南無妙法蓮華経の五字を日本国の一切衆生に授けることが経文に説かれ、また上行菩薩が法難に値《あ》い、流罪・死罪に処せられることも明らかである。日蓮は、この上行菩薩の使いにも似ている。それは、この法華経の教えを弘めている故である。如来神力品に「日月の光明が諸々の闇を除くように、この人は世間において法華経を行じ、弘通して、人々の苦しみの闇を照らし救うのである」と説かれている。この「世間において法華経を行ずる」と説かれているお方とは、いったいどなたであろうか。そのお方こそ、まさに上行菩薩の再誕なのである。

と御教示のように、末法の法華経の行者たる日蓮大聖人は、釈尊の結要付嘱《けっちょう》を受け、末法の法華経弘通を託された上行菩薩の再誕にましますのです。

竜口法難の意義

大聖人が受けられた数多くの法難のなかでも、竜口《たつのくち》法難は特に重大な意義を持っています。

大聖人は文永《ぶんえい》八（一二七一）年九月十二日夜半、留《と》め置かれていた引付衆《ひきつけしゅう》・武蔵守宣時《むさしのかみのりとき》の邸から連行され、丑寅《うしとら》の刻（午前三時ごろ）、竜口の刑場（神奈川県藤沢市）の頚《くび》の座に、悠然《ゆうぜん》と端座《たんざ》されました。そして武士の一人が太刀《たち》を抜き、大聖人の頚を斬ろうと太刀を振りかざしたその瞬間、江の島の方角から不思議な光り物が飛び来たり、太刀取りは眼がくらんで倒れ伏し、他の武士達も恐怖におののいて逃げ出し、ついに大聖人の御頚を斬ることはできなかったのです。

この竜口法難について、大聖人は『開目抄』に、

「日蓮といゐし者は、去年《こぞ》九月十二日子丑《ねうし》の時に頚はねられぬ。此《これ》は魂魄《こんぱく》佐土の国にいたりて、返る年の二月雪中にしるして、有縁《うえん》の弟子へをくれば、をそ《怖》

ろしくてをそろし《恐怖》からず。みん《見》人、いかにをぢ《怖》ぬらむ」（御書五六三ページ）

【通釈】日蓮は、去年の九月十二日子丑の時刻に頚を刎《は》ねられたのである。その魂魄が佐渡国に至り、明くる年の二月、雪のなかでこの書〔開目抄〕を認《したた》めて有縁の弟子に送るのである。経文には、末代の法華経の行者は恐ろしい大難を受けると説かれているが、その逢難など日蓮はいささかも恐ろしくはない。しかし、そのような覚悟のない者がこれを見るならば、さぞかし恐れおののくであろう。

と仰せられています。

丑の刻は陰《いん》の終わり、死の終わりであり、寅の刻は陽の始め、生の始めを意味します。また子丑は転迷、寅は開悟であり、その中間が丑寅の時刻です。

『上野殿御返事』に、

「三世の諸仏の成道は、ねうし《子丑》のをはり《終》とら《寅》のきざみ《刻》の成道なり」（同一三六一ページ）

と仰せのように、「子丑の刻」とは、大聖人の凡身の死の終わりである故に「頚はねられぬ」と仰せられたのであり、「魂魄」とは、上行日蓮の本地である久遠元初《くおんがんじょ》自受用身《じじゅゆうしん》としての魂魄を顕《あらわ》されたものです。

すなわち大聖人は、文永八年九月十二日の丑寅の刻に、上行菩薩の再誕としての垂迹身《すいじゃくしん》を発《はら》い、久遠元初自受用報身如来、末法出現の御本仏としての本地身を顕《あらわ》されたのです。これを「発迹顕本《ほっしゃくけんぽん》」と言います。

御難会の意義

このように、大聖人が発迹顕本された重大な意義によって、総本山をはじめ各末寺では、毎年九月十二日に御難会を奉修し、御本仏大聖人に対して御報恩謝徳申し上げるとともに、不惜身命《ふしゃくしんみょう》・身軽法重《しんきょう》の精神で正法《しょうぼう》広布に邁進《まいしん》することを誓うのです。

大聖人は『如説《にょせつ》修行抄』に、

「真実の法華経の如説修行の行者の弟子檀那《だんな》とならんには三類の敵人決定《けつじょう》せり。されば此《こ》の経を聴聞《ちょうもん》し始めん日より思ひ定むべし、況滅度後《きょうめつどご》の大難の三類甚《はなは》だしかるべしと」（御書六七〇ジペー）

御難会（御影堂）

【通釈】真実の法華経の如説修行の行者の弟子・信徒となるには、必ず三類の強敵が競い起こるのである。したがって、法華経の教えを聴聞し始めた日から、三類の強敵の大難が襲いかかってくることを覚悟しなさい。

と仰せられ、また『四条金吾《きんご》殿御返事』には、

「此の経をきゝ《聞》うく《受》る人は多し。まことに聞き受くる如《ごと》くに大難来たれども『憶持不忘《おくじふもう》』の人は希《まれ》なるなり。受くるはやす《易》く、持《たも》つはかた《難》し。さる間成仏は持つにあり。此の経を持たん人は難に値《あ》ふべしと心得て持つ

なり」（同七七五ジペー）

【通釈】この法華経を聞いて信受する者は多い。しかし、大難が襲いかかって来た時であっても正しい信仰を忘れない人は稀《まれ》である。受けることはたやすく、持《たも》ち続けることは難しい。しかし成仏するためには、持ち続けることが肝要である。法華経を持つ人は、必ず難に値《あ》うと心得て、いかなることがあっても持ち続けなさい。

と仰せられています。

私達は、御難会に参詣して大聖人に御報恩謝徳申し上げるとともに、大聖人が多くの大難を悠然《ゆうぜん》と乗り越えられたお姿を自らの信行の鑑《かがみ》とし、妙法弘通を妨《さまた》げようと競い起こる諸難に屈することなく、広宣流布《るふ》に前進していきましょう。

11月15日

目師会（日目上人法要）

目師会《もくしえ》は、第三祖日目上人に対し御報恩の誠《まこと》を尽くすため、日目上人が入滅された十一月十五日に奉修される法要です。

日興上人との出会い

日目上人は、藤原北家《ほっけ》の庶流《しょりゅう》、下野国《しもつけ》（栃木県）の小野寺氏から出た奥州三迫《おうしゅうさんのはざま》（宮城県栗原市）の新田《にいだ》五郎重綱《しげつな》殿を父とし、伊豆国（静岡県）南条兵衛《ひょうえ》七郎殿の娘で、南条時光《ときみつ》殿の姉である蓮阿尼《れんあに》を母として、文応《ぶんおう》元（一二六〇）年、伊豆国仁田《にいだ》郡畠《はたけ》郷（静岡県函南《かんなみ》町畑毛）で誕生され、幼名を虎王丸《とらおうまる》と称されました。

文永《ぶんえい》九（一二七二）年、十三歳の時に伊豆の走湯山円蔵坊《えんぞう》に登り、同十一年、日興上人がこの寺を訪ね、山内第一の学匠《がくしょう》と言われた式部僧都《しきぶそうず》と問答をされた折、日目上人は、日興上人の尊容と大聖人の仏法に触れ、入門を願い出て許され、日興上人のお弟子となりました。

常随給仕

日目上人は、二年後の建治《けんじ》二（一二七六）年の十一月、日興上人を慕《した》って身延山へ登り、宮内卿《くないきょう》の公《きみ》と名付けられました。この名を略して「卿公《きょうこう》」と呼ばれ、のちに「卿阿闍梨《あじゃり》」あるいは「新田《にいだ》卿阿闍梨」とも称されました。

身延山では、日興上人にはもちろんのこと、大師匠である日蓮大聖人に常随給仕《じょうずいきゅうじ》されました。

日目上人は、まことに行体堅固《けんご》であり、日に何度も身延の谷河へ下って水を汲《く》み、桶《おけ》を頭に載せて運ばれたので、自然に頭頂部がくぼんで平らになったと伝えら

日目上人の常随給仕

れ、日目上人の御影像《みえいぞう》にもそのお姿が表されています。

問答に秀でられた日目上人

日目上人は、勝《すぐ》れた弁論家でもありました。弘安《こうあん》五（一二八二）年に大聖人が武州《ぶしゅう》池上宗仲《むねなか》の館で休養されていた時、鎌倉幕府の二階堂伊勢守《いせのかみ》の子で、比叡《ひえい》山の学僧・二階堂伊勢法印《ほういん》が大勢の供を引き連れ、親の権威を嵩《かさ》に着て大聖人に問答を挑んできました。その時、大聖人は「それはたやすいことである。卿公に相手をさせよ」と仰せられ、日目上人が大聖人の代理として伊勢法印と問答されました。

第一番から第十番の問答が行われましたが、日目上人は伊勢法印を一々に屈伏《くっぷく》させ、その場に居合わせた一同を感嘆させました。

この法論の顛末《てんまつ》を聞かれた大聖人は、

「さればこそ日蓮が見知りてこそ卿公をば出《い》だしたれ」

（御伝土代・聖典六〇四㌻）

と、笑みをたたえて満足され、日目上人の功績を愛《め》でられたと伝えられています。

この問答ののち、大聖人は日目上人を呼び寄せ、自らの御歯を与えられていま す。

『家中抄《けちゅうしょう》』には、

「御牙歯脱《ぬ》け落つ、聖人此《こ》の歯を以《もっ》て日目に授けて曰《のたま》わく、我に似《あやか》り問答能《よ》くせよとてたまわりける御肉付きの御歯と申すは是《こ》れなり。此《こ》の御歯当山霊宝《れいほう》随一なり」（同六五三㌻）

と記されており、大聖人が日目上人の功績に対して授与されたものと拝されます。

この御歯は「御生骨《しょうこつ》」と称され、代々の御法主上人によって、現在まで総本山大石寺に厳護されています。

日興上人の跡を紹継

弘安五年に大聖人が御入滅されたのち、日目上人は第二祖日興上人に仕え、正応《しょうおう》二（一二八九）年、日興上人が謗法《ほうぼう》の山と化《か》した身延を離山し、富士上野（静岡県富士宮市上条付近）に移られる際にも、その片腕として師を大いに助けられました。

日目上人天奏

翌正応三年十月十二日、南条時光殿の外護《げご》によって大石《おおいし》ヶ原に大石寺が創建され、中枢《ちゅうすう》となる大坊が出来上がると、日目上人は、早速、その東側に蓮蔵坊《れんぞうぼう》を建立し、本門戒壇《かいだん》の大御本尊と日興上人の守護に努められました。

日興上人も、行体や弘教に勝れた日目上人を本六僧の筆頭とされ、大石寺開創を機に血脈相承《けちみゃくそうじょう》を内付《ないふ》して「御座替わり御本尊」を授与されました。そして永仁《えいにん》六（一二九八）年、日興上人が重須《おもす》（富士宮市北山）へ移られてからは、事実上、日目上人が住職として大石寺を守られました。

元弘《げんこう》二（正慶元《しょうきょう》・一三三二）年十一月には、日興上人から『日興跡条々事《あとじょうじょうのこと》』をもって本門弘通の大導師と定められ、名実ともに一門を統率する立場に立たれました。

日目上人は、大聖人、日興上人の志を奉じて国主諫暁《かんぎょう》をされ、公家《くげ》、武家に対する申状《もうしじょう》の奏呈《そうてい》は四十二度にも及んだと伝えられています。

元弘三年に鎌倉幕府が滅亡し、建武の中興を機に、日目上人は天奏を決意され、同年十月、第四世日道上人に法を付嘱し、七十四歳の老体を押して、日尊《にちぞん》・日郷《にちごう》の二師を従え、京都を目指されました。しかし途中、美濃《みの》国垂井《たるい》（岐阜県垂井町）の宿で病に倒れられ、伊吹颪《いぶきおろし》の吹きすさぶなか、天奏を日尊・日郷両師に託し、入滅されたのです。

総本山においては、御法主上人の大導師のもと、日目上人が入滅された十一月十五日に、客殿において目師会が奉修されており、各末寺においても、これにならって法要を奉修しています。私達は、目師会に参詣し、広宣流布《るふ》成就のため、不惜身命《ふしゃくしんみょう》の弘教に挺身《ていしん》された日目上人に御報恩申し上げるとともに、その尊い御精神と行体を受け継《つ》ぎ、折伏《しゃくぶく》弘教に邁進《まいしん》することをお誓いしましょう。

なお、目師会の日である十一月十五日が、世間で子供の健《すこ》やかな成長を祝う七五三祝いの日に当たっていることは、まことに不思議なことです。

七五三祝い

本宗には古来「広宣流布の暁《あかつき》には日目上人が出現される」との言い伝えがあり、大勢の小僧さんのなかに将来の御法主上人がおられると確信して、立派な成長を願い、この十一月十五日には特に若い僧侶を大事にするのです。

私達は、日蓮正宗の将来を担う小僧さん達、また正しい信仰を持つ法華講の子供達が健やかに成長し、立派な広宣流布の人材に育つよう御祈念しましょう。

11月
20・21日

宗祖御大会（お会式）

宗祖御大会《ごたいえ》（お会式《えしき》）とは、宗祖日蓮大聖人が弘安《こうあん》五（一二八二）年十月十三日に御入滅あそばされ、滅不滅《めつふめつ》のお姿を示されたことをお祝いする儀式です。本宗においては、御霊宝虫払大法会《ごれいほうむしばらいだいほうえ》と共に、二大法要の一つとなっています。

お会式について、世間では大聖人の御命日の法要ぐらいに考えています。しかし日蓮大聖人は、末法万年の闇《やみ》を照らし、濁悪《じょくあく》の衆生を救済し給う御本仏にましますのであり、その御入滅は非滅の滅にして、三世常住のお姿を示されたものと拝するのです。したがって、お会式は故人に対する追善供養の法事などではなく、日蓮正宗僧俗一同が御本仏の三世常住をお祝いし、御報恩申し上げる儀式なのです。

会式とは、合同で説法や仏事を営む法会の儀式の意で、本宗においては大聖人の御入滅の日に奉修する最も重要な法要を「お会式」と称し、総本山におけるお会式は古来「御大会」と称されています。

大聖人の御入滅

御入滅時の瑞相

大聖人は、弘安五年十月十三日、武蔵《むさし》国池上（東京都大田区）の右衛門大夫宗仲《えもんのたいふむねなか》の館において、大勢の弟子や信徒が唱題申し上げるなか、安祥《あんじょう》として入滅されました。

第二祖日興上人の『宗祖御遷化《せんげ》記録』等によると、御入滅の時、大地が震動《しんどう》し、初冬にもかかわらず庭の桜の花が咲きほこったと伝えられています。

この不思議な姿は、御本仏大聖人の入滅を

宇宙法界の生命が惜しむと同時に、御本仏の入滅は滅に非《あら》ざる滅であり、滅に即して常住の妙相を示すという甚深《じんじん》の意義を持っています。

大聖人の御魂魄は厳然と伝持

法華経如来寿量品第十六の長行《じょうごう》には、

「若《も》し如来、常に在って滅せずと見ば、便《すなわ》ち憍恣《きょうし》を起《おこ》して、厭怠《えんだい》を懐《いだ》き、難遭《なんぞう》の想《おもい》、恭敬《くぎょう》の心を生ずること能《あた》わじ（中略）是《こ》の故に如来、実に滅せずと雖《いえど》も、而《しか》も滅度すと言う」（法華経四三四ジペー）

【通釈】もし、仏が常にいて滅することがないと知ると、衆生は慉《おご》り、怠惰《たいだ》の心を起こし、仏には遭《あ》うことが難しいと考えず、また敬い奉る心も起こすことがない。この故に、仏は実際には滅することがなくとも、滅度の相を示すのである。

と説かれ、また自我偈《じがげ》には、

「衆生を度《ど》せんが為《ため》の故に　方便して涅槃《ねはん》を現ず　而も実には滅度せず　常に

此《ここ》に住して法を説く」（同四三九㌻）

【通釈】私〔仏〕は衆生を救うために方便を用いて涅槃を示すのである。しかし、実には滅度したのではなく、常にこの娑婆世界に住して法を説くのである。

と説かれています。

すなわち、仏が常に住されていると、衆生はいつでも仏にお値《あ》いできるという安心感から、仏道修行を怠《おこた》りがちになります。そこで、仏は方便として涅槃の相を示し、衆生が「仏には値い難い」と思って仏道修行に励むように導かれるのです。

大聖人は御入滅の相を示されましたが、『経王殿御返事』に、

「日蓮がたましひ《魂》をすみ《墨》にそめながしてかきて候ぞ」（御書六八五㌻）

と御教示のように、大聖人の御魂魄《こんぱく》は大漫荼羅《まんだら》御本尊、とりわけ出世の本懐《ほんがい》たる本門戒壇《かいだん》の大御本尊とましまして、末法の一切衆生を永遠に救済されるのです。

大御本尊をはじめとする大聖人の仏法の一切は、唯授《ゆいじゅ》一人の血脈《けちみゃく》をもって第二祖日興上人、第三祖日目上人、第四世日道上人と御歴代上人に相承《そうじょう》され、現在、御当代上人が厳然と伝持されるところです。

立正安国《りっしょう》の精神は富士にあり

大聖人の御入滅後、本弟子六人のなかで、大聖人を末法の御本仏と拝し、正しく法灯《ほうとう》を継承されたのは、第二祖日興上人ただお一人です。

したがって、日興上人の門家である日蓮正宗のみが、正しい信条と法義に基づいたお会式の行事を奉修してきたのです。

そのことを示す事例の一つが、お会式における『立正安国論』ならびに申状捧読《もうしじょうほうどく》の儀式です。

大聖人の御化導の目的は、南無妙法蓮華経の正法を立てて末法の衆生を救済し、安穏《あんのん》な国家社会を実現するところにあります。この精神をもって、国の権力者に対し、邪宗教を対治《たいじ》し正法に帰依《きえ》せよと命を懸けて訴えられたのが『立正安国論』です。日興上人、日目上人をはじめ、代々の御法主上人も、この御精神を継承され、たびたび申状を奏呈《そうてい》して国主を諫暁《かんぎょう》されました。

お練りの儀

これによって、本宗のお会式では、御本尊の御宝前において『立正安国論』ならびに申状を捧読し、大聖人の死《し》身《しん》弘《ぐ》法《ほう》の御精神を現代に示して、僧俗一同が広宣流《る》布《ふ》の実現をお誓い申し上げるのです。

この儀式は他の門下では見られないものであり、日蓮正宗にのみ、大聖人の立正安国の御精神が厳《げん》として伝わることを示す儀式であると言えます。

総本山の御大会

お会式は、総本山をはじめ、各末寺において奉修されます。共にこの日は、桜の造

三々九度儀式

花等をもって御宝前を荘厳《しょうごん》します。

現在、総本山の御大会は十一月二十日・二十一日の両日にわたって行われます。これは、旧暦の弘安五年の十月十三日を新暦に換算すると、十一月二十一日に当たることによっています。

二十日の午後から、奉安堂《ほうあんどう》において本門戒壇《かいだん》の大御本尊の御開扉《ごかいひ》があり、その後、夜に入って「お練《ね》り」の儀式が行われます。お練りとは、行列を作っておもむろに歩むことで、末法の御本仏日蓮大聖人の御出現を示すものです。

『立正安国論』ならびに申状捧読

この行列が、御影堂《みえいどう》の正面参道に至るといったん停止し、七・五・三の喚鐘《かんしょう》の音に合わせて、六人の助番《じょばん》僧が御影堂から一人ずつ、七人・五人・三人の順に御法主上人のもとへ一礼に走ります。これは、御本仏大聖人に、御説法のために御影堂に入られるよう、弟子が身をもってお願いする意を表しています。

それが終わると行列は、御影堂の西を回り、御法主上人は裏向拝《うらごはい》から入堂されます。裏向拝から入られるのは、御影堂には御本仏大聖人が常住し給うことを表し、参詣者は客分として表向拝から入ります。入堂後、御法主上人は高座下手《しもて》の正面に設けられた上行座に北面して着座されます。これは、法華経従地涌出品《ゆじゅっぽん》第十五で忽然《こつねん》として地から涌出《ゆじゅつ》する上行菩薩の姿を表しています。

次いで、会行事《えぎょうじ》が立って寿量品の三誡三請《さんかいさんしょう》・重請重誡の法式《ほっしき》をかたどり、登高座《とうこうざ》を願い奉ります。そこで御法主上人が登高座され、読経・唱題ののち、寿量品の御説法をされます。この御説法は、末法の御本仏日蓮大聖人が、寿量品の文底本因下《もんていほんにんげ》種《しゅ》の南無妙法蓮華経を説き出《い》だされる儀式なのです。

御説法が終わって小憩ののち「三々九度《さんさんくど》儀式」が執行されます。三々九度とは日本古来の祝儀《しゅうぎ》を表す盃《さかずき》の方式で、大聖人とお弟子の本六僧が共に酒を酌《く》み交《か》わし、師弟の常住をお祝いするものです。これで一日目の行事は終わります。

二日目は、午前二時半から客殿において勤行衆会《しゅえ》（丑寅《うしとら》勤行）、次に午前九時から御影堂において「献膳《けんぜん》・読経・申状の儀」が奉修され、御法主上人および本六僧によって『立正安国論』ならびに御歴代上人の申状が捧読《ほうどく》されます。すなわち、大聖人の下種仏法が折伏《しゃくぶく》の教えであることを示し、御宝前に忍難弘通《にんなんぐずう》と広宣流布《るふ》の

末寺の御会式

成就《じょうじゅ》をお誓いするのです。

最後に、お花くずしの読経・唱題と布教講演会が行われ、御大会は終了となります。

末寺におけるお会式は、総本山の御大会にならって、献膳・読経・唱題と如法に修され、住職によって『立正安国論』、布教区内僧侶によって申状が捧読され、法要ののちに布教講演が行われます。

お会式の意義は折伏誓願にあり

本宗では、古来「お会式には万難《ばんなん》を排して参詣しなければならない」と言われてきました。

それは、お会式の意義が、大聖人の三世常住を寿《ことほ》ぎ奉るとともに、大聖人の大願である広宣流布の成就をお誓いすることにあるからです。

大聖人は『持妙《じみょう》法華問答抄』に、

「須《すべから》く心を一にして南無妙法蓮華経と我も唱へ、他をも勧《すす》めんのみこそ、今生《こんじょう》人界《にんがい》の思出《おもいで》なるべき」（御書三〇〇ジペー）

【通釈】心を一つにして南無妙法蓮華経と自分も唱え、他の人々にも唱えるように勧めていくことこそ、私達の今生人界における思い出となるのである。

と教示されています。

私達は、この教えを胸にとどめ、お会式の意義を正しく理解し、寺院のお会式には必ず家族そろって参詣して、共々に折伏の実践をお誓いしましょう。

毎朝

丑寅勤行

丑寅《うしとら》勤行は、御法主上人が毎朝、総本山客殿で、丑寅の時刻（午前二時半から四時）に行われる五座の勤行であり、本宗における非常に重要な儀式です。

第二祖日興上人の、

「大石寺は御堂《みどう》と云ひ墓所《むしょ》と云ひ日目之《これ》を管領《かんりょう》し、修理を加へ勤行を致《いた》して広宣流布《るふ》を待つべきなり」（日興跡条々事・御書一八八三㌻）

との御遺命《ゆいめい》を守り、七百年来、一日として欠かすことなく広宣流布の御祈念がなされているのです。

丑寅勤行（総本山客殿）

丑寅の時の意義

この丑寅勤行のいわれについて、第二十六世日寛上人は、

「問う、古《いにしえ》より今に至るまで毎朝の行事、丑寅の刻《きざ》みに之《こ》れを勤《つと》む、其《そ》の謂《いわ》れ如何《いかん》。答う、丑《うし》の終わり寅《とら》の始めは即《すなわ》ち是《こ》れ陰陽生死《しょうじ》の中間《ちゅうげん》にして、三世諸仏成道《じょうどう》の時なり。是《こ》の故に世尊は明星《みょうじょう》の出《い》づる時豁然《かつねん》として大悟し、吾《わ》が祖は子丑《ねうし》に頚《くび》を刎《は》ねられ、魂《たましい》佐渡に到る云云。当山の行事亦復《またまた》斯《か》くの若《ごと》し。朝な朝な刹那《せつな》成道・

半偈《はんげ》成道を唱うるなり」(当流行事抄・六巻抄二〇一ジ《ペー》)

【通釈】お伺いする。昔から現在に至るまで、総本山の毎朝の勤行は、丑寅の時刻に勤められている。その理由とは何か。お答えする。丑の刻の終わり、寅の刻の始めは陰陽生死の中間であり、三世の諸仏が成道される時刻である。この故に釈尊は明星が出る時に豁然として大悟され、宗祖日蓮大聖人は子丑の時刻に頚を刎ねられ、魂魄が佐渡に至ったと仰せられている。当山の丑寅勤行もこれと同じである。毎朝、刹那・半偈の成道を唱えているのである。

と明示されています。

丑寅の時とは、陰の終わり陽の始め、すなわち陰陽の中間であり、また、死の終わり生の始め、すなわち生死の中間です。陰とは暗であり、迷いです。また、陽とは明であり、悟りです。

したがって、丑寅の時は迷いの陰から悟りの陽に移る時刻であり、しかも、この迷暗・悟明《ごみょう》の去来《きょらい》は同時です。

この時はまた、日蓮大聖人が『上野殿御返事』に、

「御臨終のきざみ、生死の中間に、日蓮かならずむかい《迎》にまいり候べし。三世の諸仏の成道は、ねうし《子丑》のをはり《終》とら《寅》のきざみ《刻》の成道なり」（御書一三六一ページ）

と仰せのように、三世の諸仏が成道される時刻なのです。

実際、釈尊は三十歳の十二月八日、菩提樹《ぼだいじゅ》の下で明星《みょうじょう》の出る時に豁然《かつねん》として悟りを開かれました。この明星の出る時というのも、やはり寅の時です。

大聖人は『開目抄《かいもくしょう》』に、

「日蓮といゐし者は、去年《こぞ》（文永八年）九月十二日子丑の時に頸《くび》はねられぬ。此《これ》は魂魄《こんぱく》佐土の国にいたる」（同五六三ページ）

と仰せのように、竜口《たつのくち》法難において、名字《みょうじ》凡夫の大聖人の御身の当体が、そのまま久遠元初《くおんがんじょ》の自受用身《じじゅゆうしん》となられ、末法下種《げしゅ》の本仏と発迹顕本《ほっしゃくけんぽん》されたのです。この頸の座の子丑の時は名字《みょうじ》凡身の大聖人の死の終わりなので、頸を刎《は》ねられたと仰せられ、寅の時は久遠元初の自受用身の生の始めなので、魂魄と仰せなのです。

このように、丑寅の時刻は仏が悟りを開く時で、仏法上、まことに深い意義を持つ時刻なのです。

丑寅の方角の意義

また丑寅とは、方角の上からは北東に当たり、この方角を鬼門《きもん》とも言います。

『上野殿御返事』に、

「仏法の住処は鬼門の方に三国ともにたつなり。此等《これら》は相承の法門なるべし」（御書一三六一㌻）

と仰せられているように、インド・中国・日本の三国ともに、すべて首府《しゅふ》の丑寅の方角、すなわち鬼門に仏法が立てられています。日寛上人も、

「鬼門は即ち丑寅の方なり。霊鷲山《りょうじゅせん》は王舎城《おうしゃじょう》の鬼門なり、天台山は漢陽宮《かんようきゅう》の鬼門なり、比叡《ひえい》山は平安城の鬼門なり。類聚《るいじゅ》第一巻の如《ごと》し。富士山も亦《また》王城の鬼門なり（中略）当山の勤行は、往古より今に至るまで正《まさ》しく是《こ》れ丑寅の時なり。之《これ》を思え、之を思え」（開目抄文段・御書文段一六七㌻）

【通釈】鬼門とは丑寅の方角（北東）である。インドの霊鷲山は王舎城の鬼門、中国の天

台山は漢陽宮の鬼門、また日本の比叡山も平安城の鬼門というように、それぞれが必ず丑寅の方角に位置しているのである。この富士山も王城の鬼門である。また、総本山の勤行は古来、丑寅の時刻に勤められている。このことを深く考えなさい。

と、丑寅の意義の深さを述べられています。

鬼門の鬼とは、帰《き》の意味を持ち、鬼門は仏法帰入《きにゅう》を表します。総本山大石寺の大坊入口に建てられている鬼門《おにもん》にもまた、同様の意味があります。

丑寅勤行の意義

総本山の毎朝の勤行が、鎌倉時代の古《いにし》えより今日に至るまで、丑寅の時に行われてきたのは、これらの深い意義によっています。

丑寅は三世諸仏成道の時ですから、丑寅勤行も毎朝毎朝、刹那半偈《せつなはんげ》の成道を唱えるのです。信心強盛《ごうじょう》に、一切の余念を捨てて南無妙法蓮華経と唱え奉り、凡身即仏身と成る妙行です。

丑寅勤行に出仕される御法主上人

　その丑寅勤行を、総本山大石寺においては第二祖日興上人以来、七百年もの間、一日として欠かすことなく行われ、一切衆生を大聖人の仏法に帰入させ、すべての苦悩から救いきるよう、一閻浮提《いちえんぶだい》広宣流布《るふ》の大願成就《じょうじゅ》を、歴代の御法主上人が祈念してこられたのです。

　私達は、この丑寅勤行の深い意義を理解するとともに、真心を込めて日々の朝夕の勤行に励み、末法唯一の正法たる大聖人の仏法を広宣流布するため、ますます精進してまいりましょう。

日蓮正宗の
年中行事

平成二十八年八月十五日　初版発行
平成二十九年十月十三日　第四刷発行

編集　日蓮正宗宗務院
発行　株式会社　大日蓮出版

ISBN978-4-905522-49-2